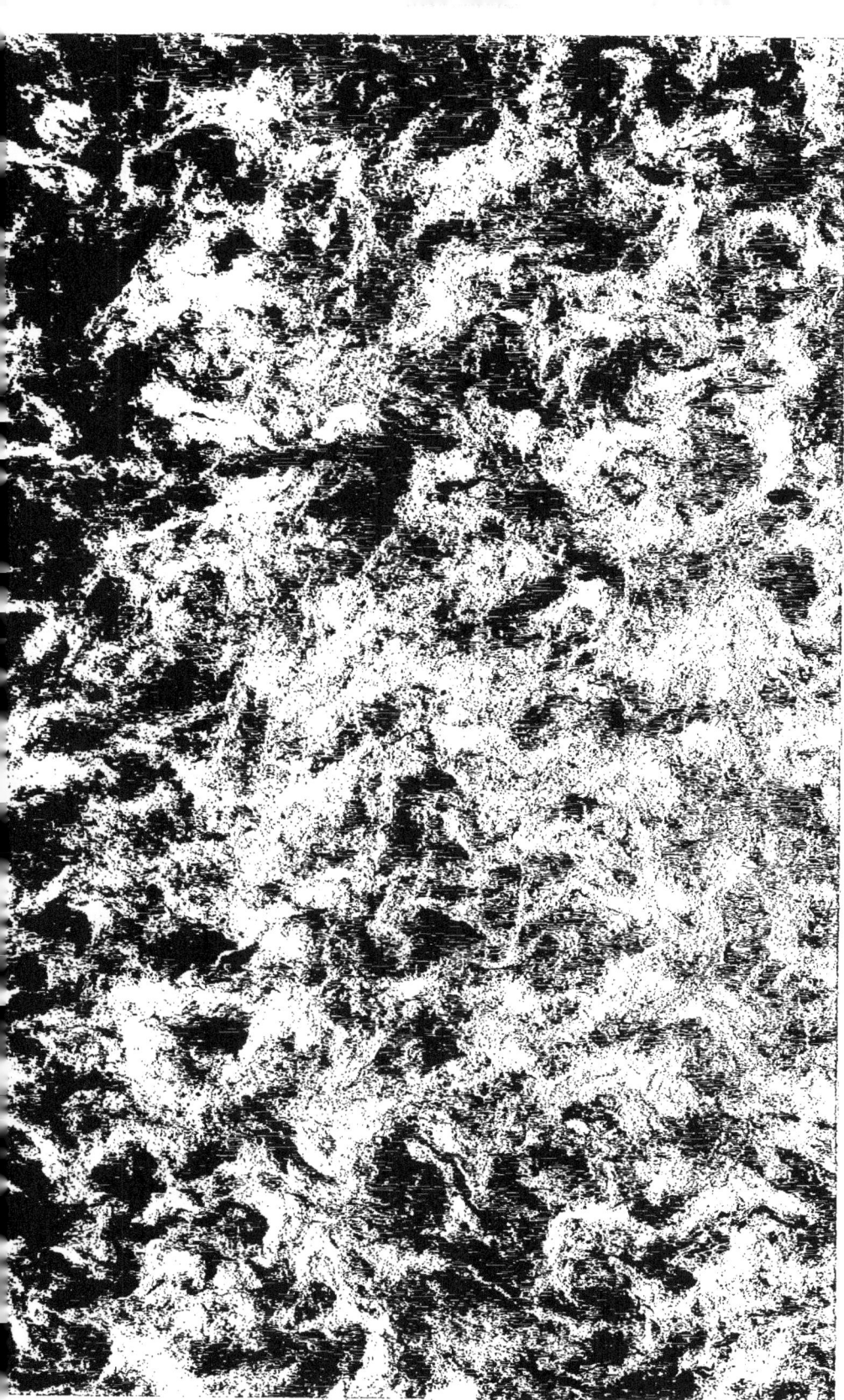

FACULTÉ DE DROIT DE PARIS

DES GARANTIES ACCORDÉES A LA FEMME

POUR LA RESTITUTION DE SA DOT

EN DROIT ROMAIN

DE L'INFLUENCE DES CONVENTIONS MATRIMONIALES

SUR LA CAPACITÉ DE LA FEMME MARIÉE

EN DROIT FRANÇAIS

THÈSE POUR LE DOCTORAT

PAR

Georges-Edouard BAUDRY

AVOCAT A LA COUR D'APPEL

PARIS

IMPRIMERIE MOQUET

11, RUE DES FOSSÉS-SAINT-JACQUES, 11

1881

FACULTÉ DE DROIT DE PARIS

DES GARANTIES ACCORDÉES A LA FEMME

POUR LA RESTITUTION DE SA DOT

EN DROIT ROMAIN

DE L'INFLUENCE DES CONVENTIONS MATRIMONIALES

SUR LA CAPACITÉ DE LA FEMME MARIÉE

EN DROIT FRANÇAIS

THÈSE POUR LE DOCTORAT

Soutenue le Mardi 24 Mai 1881, à Midi

PAR

Georges-Edouard BAUDRY

AVOCAT A LA COUR D'APPEL

Président : M. BEUDANT, Professeur, Doyen

SUFFRAGANTS

MM. GÉRARDIN
DESJARDINS

PROFESSEURS

LYON-CAEN
ESMEIN

AGRÉGÉS

PARIS

IMPRIMERIE MOQUET

11, RUE DES FOSSÉS-SAINT-JACQUES,

1881

A MON PÈRE, A MA MÈRE

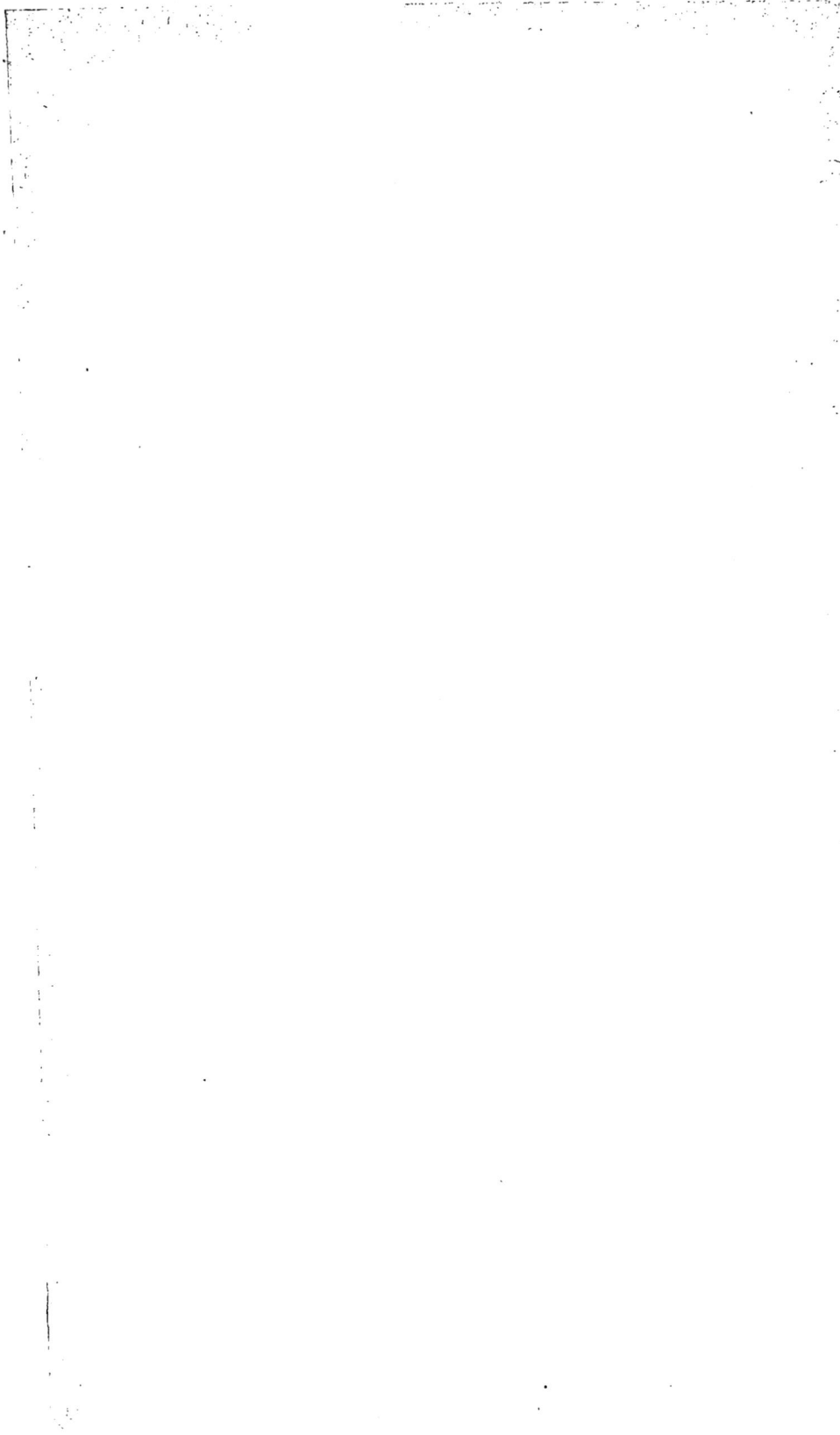

DROIT ROMAIN

DES GARANTIES ACCORDÉES A LA FEMME

POUR LA RESTITUTION DE SA DOT

INTRODUCTION.

L'étude de la dot qui, suivant une heureuse expression d'un de nos plus éminents maîtres, est comme un
trait d'union entre le droit de la famille et le droit
des biens, est une des plus intéressantes du droit
romain et une de celles qui, à juste titre, a le plus
exercé la sagacité des commentateurs. En recherchant
ses modifications successives, on voit paraître le reflet
des changements accomplis dans l'organisation de la
famille, dans le système des successions *ab intestat*,
dans les mœurs et l'état social tout entier de la Rome
antique.

1

Mais le sujet de cette étude est moins vaste ; il n'envisage qu'un des côtés de cette importante question: l'examen des diverses garanties qui furent accordées à la femme pour assurer la restitution des biens dotaux dans les cas où elle y a droit.

Dans la législation primitive de Rome, le mari est propriétaire définitif des biens dotaux. Si la femme les a apportés en dot, c'est pour répondre à des besoins qui survivent au mariage, c'est pour les faire parvenir à ses enfants, entre elle et qui n'existe aucun lien de parenté civile, c'est pour subvenir à leurs besoins et à leur établissement. Ce n'est pas là, comme de nos jours, une destination temporaire et limitée à la durée du mariage. Les charges auxquelles la dot est destinée sont perpétuelles. De là le principe inscrit dans la loi 1 au titre *De jure dotium* (Dig., liv. XXIII, tit. 5) : « *dotis causa perpetua est: cum voto ejus, qui dat, ita contrahitur, ut semper apud maritum sit.* » La femme a abandonné ses biens dotaux pour toujours, elle n'a plus aucun droit de propriété ni de créance. Durant cette période, la question des garanties ne se pose même pas (V. Gide, *Du caractère de la dot*).

Plus tard des changements se produisirent. Les mœurs simples et sévères des anciens Romains commençaient à se corrompre: avec les dépouilles de Carthage et de la Grèce s'introduisaient dans Rome le luxe et la mollesse. Le monde vaincu, suivant l'expression de Juvénal, se vengeait de ses vainqueurs en leur donnant ses vices. Le divorce devient fréquent. Dans un but de spéculation honteuse, le mari répudie sa femme et garde la dot. Une réforme était donc nécessaire : l'intérêt de l'État, comme l'équité, l'exigeaient impérieusement. « Reipublicæ interest mulieres dotes salvas habere popter quas nubere possint » (L. 2, Dig. *De jure dotium*). De là l'usage de stitpuler la restitution de la dot, de là l'action *ex stipulatu*, de là aussi l'action *rei uxoriæ* destinée à suppléer l'absence d'une stipulation de retour, en donnant à la femme, divorcée ou veuve, une action personnelle contre le mari ou ses héritiers pour assurer la restitution de sa dot. Cette action *in bonum et æquum*

semble   ème siècle de Rome (Aullu-Gelle,
Nuits a.   ., C. f. XVI, I. 21).

  La fe   lors, un droit de créance contre
son mar   titution de ses biens dotaux : mais
ce droi   e était insuffisant. Créancière, la
femme   au danger de voir son mari insolvable, e   , son droit illusoire. Il fallait donc
la prot   s contre les aliénations de sa dot,
que so   sentirait, et contre les dettes qu'il
contrac   lait même la protéger contre elle-
même.   t la jurisprudence, y pourvurent.

D'une part, la loi Julia, *De adulteriis*, promulguée en l'an 737 de Rome, interdit au mari d'aliéner l'immeuble dotal sans le consentement de sa femme ; de l'autre, fut créé, au profit de celle-ci, un *privilegium inter personales actiones*, qui lui donnait un rang préférable à celui des autres créanciers chirographaires du mari (L. 74, Dig., *De jure dotium*). Enfin, le sénatus-consulte Velléien interdit à la femme de s'engager pour la dette d'autrui sur ses propres biens, et la jurisprudence étendit cette prohibition aux hypothèques que le mari, avec le consentement de sa femme, eût pu consentir sur les biens dotaux.

Tel fut l'état du droit jusqu'à Justinien. Ce prince le trouvait en désaccord avec les mœurs. Sous l'influence des Antonins, la loi s'était peu à peu humanisée, peu à peu la femme avait obtenu dans la famille la véritable place qui lui appartient. Grâce aux sénatus-consultes Orphitien et Tertullien, elle succède à ses enfants, et ses enfants lui succèdent. L'ancienne raison de la perpétuité de la dot a disparu. Si le droit déclare encore je mari propriétaire de la dot, en fait, celle-ci est considérée comme appartenant à la femme. Dans les textes eux-mêmes, nous trouvons des expressions qui indiquent bien ces deux courants d'idées opposés : *Quamvis in bonis marito dos sit, mulieris tamen est,* dit la loi 75, Dig., *De jure dotium.* Peu à peu la dot perd son caractère primitif pour prendre celui qu'elle a aujourd'hui.

Quant aux réformes de Justinien, elles sont contenues dans les Constitutions suivantes : La loi 30, au Code, *De jure dotium,* liv. V, tit. 12, rendue en l'année 539; la loi unique au Code, *De rei uxor. act.,* liv. V, tit. 13, rendue en l'année 530, et, enfin, la loi 12 au Code, *Qui potior in pign.*, liv. VIII, tit. 18, rendue en l'année 531. Elles ont pour but commun de donner à la femme des garanties plus solides, en lui accordant, d'abord, un privilège hypothécaire sur les biens dotaux, puis une hypothèque légale sur les biens du mari, et, enfin, en décidant que cette hypothèque primera tous les créanciers du mari, même antérieurs au mariage.

Tel est l'exposé rapide des modifications successives que subit la dot dans le droit romain ; tel est le développement ininterrompu des garanties qui furent accordées à la femme pour lui en assurer la restitution. Toutefois, les Romains n'allèrent jamais jusqu'à lui reconnaître un véritable droit de propriété sur sa dot, jamais ils n'abandonnèrent complètement les anciens principes.

Je me propose maintenant d'examiner en détail les diverses garanties que je viens d'examiner ; pour cela, je diviserai mon étude en trois parties ; dans la première, j'examinerai comment ces diverses garanties se sont peu à peu introduites dans le droit romain, comment sont nées les actions *ex stipulatu* et *rei uxoriæ* ; dans la seconde, j'examinerai quels moyens furent employés pour en assurer l'efficacité, c'est-à-dire la défense faite au mari d'aliéner le fonds dotal résultant de la loi Julia, et le privilège accordé à la femme ; enfin, dans la troisième, j'étudierai en détail les réformes accomplies par Justinien.

CHAPITRE PREMIER

INTRODUCTION SUCCESSIVE DES DIFFÉRENTES GARANTIES DONNÉES A LA FEMME POUR ASSURER LA RESTITUTION DE SA DOT.

SECTION PREMIÈRE

DU CARACTÈRE DE LA DOT DANS L'ANCIEN DROIT ROMAIN. — POURQUOI ET COMMENT IL SE MODIFIA PEU A PEU.

J'ai déjà indiqué que dans le droit primitif de Rome la dot présentait un caractère tout différent de celui qu'elle a de nos jours, par suite de l'organisation particulière de la famille. La famille romaine, en effet, reposait sur la puissance paternelle qui était le privilège exclusif du sexe masculin. On n'appartenait jamais qu'à une seule famille, car chacune constituait une famille distincte. Or, l'enfant faisait partie de la famille de son père, non de celle de sa mère. La parenté par les femmes était nulle aux yeux de la loi civile : « mulier familiæ suæ et caput et finis est, » dit Ulpien dans la loi 195, § 5 (Dig., *De verb. signif.*, liv. L, tit. 16).

Il faut toutefois établir une distinction entre les deux

formes de mariage que le droit civil admettait, le mariage avec *manus* et le mariage sans *manus*.

Le mariage avec *manus* avait des effets tout spéciaux. Il faisait passer la femme dans la famille du mari, rompant les liens civils qui l'unissaient à son ancienne famille. Elle change de dieux, de personnalité, de condition sociale; elle subit une *capitis minutio*, c'est-à-dire une véritable destruction de son ancienne personnalité civile. Elle entre dans la famille de son mari, et elle est traitée en droit comme étant, par rapport à lui, *loco filiæ* (Gaius, I, §§ 111 et 114); d'où les conséquences suivantes : 1° tous ses biens corporels et incorporels, excepté ceux qui périssent par suite de la *capitis minutio*, s'absorbent dans le patrimoine de son mari (Gaius, III, § 83); 2° elle devient *heres sua* de son mari et rompt le testament antérieurement fait par lui, puisqu'elle est dans la condition d'un héritier sien ni institué ni exhérédé (Gaius, II, §§ 139 et 159); 3° elle emprunte à son mari tous ses liens d'agnation; entre elle et les agnats de celui-ci s'établissent des droits de succession réciproques. Tels sont les effets du mariage avec *manus*, que Gaius nous montre comme propre aux seuls citoyens et qui était la forme civile par excellence. Dans ce mariage, on comprend qu'il ne pouvait être question d'une dot.

Le mariage sans *manus*, au contraire, avait des effets bien différents. Pas de changement de famille ou de personnalité pour la femme : elle reste dans sa famille et conserve son ancienne condition. Le rapport qui l'unit à son mari est plutôt moral que juridique. Entre elle et lui il y a une union honorable qui donne naissance à des enfants légitimes ; mais elle reste étrangère à la famille de son mari, aucun lien de parenté civile ne l'unit même à ses enfants. D'où les conséquences inverses de celles que je signalais tout à l'heure : 1° ses biens ne s'absorbent pas dans le patrimoine de son mari, les deux patrimoines restent distinctes ; 2° elle n'est pas *heres sua* de son mari ; 3° elle ne lui emprunte aucun lien d'agnation, étrangère à ses enfants elle ne leur succède pas plus qu'ils ne lui succèdent.

De ces deux formes de mariage, la plus ancienne est vraisemblablement la *conventio in manum* : il est même probable qu'à l'origine elle était la seule forme légale du mariage; car il est naturel que la femme entre dans la famille de son mari, et, de plus, elle est la forme qui répond le mieux aux idées religieuses des anciens Romains. Quoi qu'il en soit, dès l'époque des XII Tables les deux mariages existaient; peu à peu même le mariage avec *manus* tomba en désuétude, et, à la fin de la République et sous l'Empire, le mariage sans *manus* existe à peu près seul.

Mais si la femme mariée sans *conventio in manum* reste étrangère civilement à la famille de son mari et à ses enfants, il est pourtant raisonnable qu'elle ou ses parents contribuent à augmenter les ressources néces-

saires à la famille qui naîtra du mariage. Il importait
de trouver un moyen qui lui permit de faire passer ses
biens à ses enfants. Or, elle ne le pouvait ni *ab intestat*,
ni par testament, ni par donation, tant que vivait son
mari. Ses enfants n'étaient pas ses héritiers siens.
Quant au testament, la femme ne pouvait se servir de
cette forme de disposer. Pendant longtemps, en effet,
la femme ne put tester (Gaius, I, § 115), car elle ne
pouvait être chef de famille, « familiæ suæ et caput et
finis est, » et en testant elle aurait fait passer ses biens
dans une autre famille. Il est vrai que plus tard cette
incapacité fut atténuée. La femme faisait un mariage
fictif avec *conventio in manum* qu'elle faisait suivre d'un
divorce, et la *capitis minutio* qu'elle subissait lui donnait le droit de tester. Sous Hadrien, on arriva
même à dispenser la femme de cette formalité et à lui
permettre de faire son testament avec l'autorisation de
son tuteur (Gaius, II, § 113). Quant à la donation
entre vifs, tant que le mari vivait, la femme ne pouvait
s'en servir, car, soumis à la puissance paternelle, ses
enfants ne pouvaient avoir de biens personnels; leurs
biens et ceux de leur père ne formaient qu'un seul patrimoine dont le père était le maître.

Un pareil système méconnaissait ouvertement le
droit naturel; c'est pourquoi fut organisée la constitution de dot proprement dite, laquelle fut créée dans
l'intérêt des enfants à naître du mariage. « C'est alors
qu'on pouvait dire, avec plus de raison que de nos

jours, la dot est destinée à pourvoir à l'établissement des enfants et à leur entretien. Ce n'était point là, comme aujourd'hui, une destination temporaire et limitée à la durée du mariage : la dot ne devait jamais être restituée, puisqu'elle n'eût pu retourner à la femme ou aux héritiers de la femme sans être par là même perdue pour les enfants. Ainsi la dot était acquise au mari en pleine propriété » (Gide, *Du caractère de la dot*, p. 6). — « Dotam manifestum est ex græco esse, dit Festus : nam διδόναι dicitur apud eos dare. » Il est vrai que si l'intérêt de la femme était ainsi sacrifié à celui des enfants, l'équité naturelle remédiait à la rigueur du droit civil : le mari était moralement obligé de suppléer au défaut des droits héréditaires de la femme par la création volontaire d'un droit analogue, savoir le *legatum dotis*.

La constitution de dot était l'accessoire habituel et pour ainsi dire obligé du mariage. Souvent même les dots étaient fort considérables, et le père le plus pauvre aurait cru manquer à un devoir moral en ne dotant pas sa fille. « Ce serait une honte de ne pas doter sa fille, » dit le personnage de Plaute :

« Flagitium quidem hercle fiet, nisi dos dabitur virgini. »

Cela n'était que justice. Les femmes ayant sous la loi des XII Tables les mêmes droits de succession que les hommes, elles devaient partager avec eux les charges domestiques.

Si la femme était *sui juris*, elle constituait elle-même sa dot; si elle était *alieni juris*, le père de famille la constituait. Ainsi était atteint le but qu'on se proposait et les enfants recueillaient dans le patrimoine de leur père les biens dotaux, la *res uxoria*, dont ils avaient été de leur vivant en quelque sorte copropriétaires (Institutes, liv. II, tit. 19, § 2.) Ainsi était assuré l'intérêt des enfants sans que celui de la femme fût sacrifié outre mesure, quand bien même elle ne s'était pas réservé de paraphernaux (L. 9, § 3, Dig., liv. XXIII, tit. 3), elle profitait de la vie commune, et des revenus du mari qui, en cas de prédécès, lui faisait un legs, souvent en droits viagers, pour assurer son existence (L. 22, 24, 27, 35, 37, 38, Dig., liv. XXXIII, tit. 2).

Dans la première époque du droit romain, il n'y avait pas d'actions en restitution au profit de la femme. « Durant les cinq premiers siècles de la fondation de Rome, dit Aulu-Gelle, il n'existait à Rome et dans tout le Latium ni actions, ni stipulations *rei uxoriæ*, sans doute parce qu'il n'en était pas besoin, les mariages n'étant point alors interrompus par des divorces » (*Noctes att.*, IV, 3). Cette absence d'action en restitution de la dot se conçoit très bien dans l'état social de la Rome primitive. Le mariage, en effet, ne pouvait se dissoudre que de trois manières :

1° Par la mort de la femme ; auquel cas il est raisonnable que le mari conserve la dot, puisque les charges en vue desquelles elle a été constituée subsistent et que les enfants lui succéderont un jour.

2° Par la mort du mari, auquel cas il faut distinguer : la femme est-elle mariée avec *conventio in manum*, elle lui succède comme une fille succéderait à son père, concurremment avec ses enfants ou même pour le tout s'il n'y a pas d'enfants (Gaius, I, §§ 111, 139, 159, III, § 3); est-elle au contraire, mariée sans *conventio in manum*, les mœurs et l'usage suppléent à la loi, et le mari lui laisse dans son testament de quoi subvenir à ses besoins, ainsi que le prouvent l'édit *De alterutro* et l'importance du *prælegatum dotis* (Dig., liv. XXXIII, tit. 4, L. 1; Dig., liv. XXXVII, tit. 5). Je dois ajouter que la femme conserve en outre ses droits de succession dans sa famille.

3° Par le divorce; ce cas était très rare à cette époque. Toutefois, le mari avait le droit de répudier sa femme; mais la répudiation n'était pas un acte arbitraire. Il fallait que la femme fût réellement coupable et alors elle aurait été mal fondée à réclamer sa dot Valère-Maxime, II, 9, 2).

C'est seulement vers le milieu du sixième siècle qu'apparaît l'action en restitution de dot, l'action *rei uxoriæ* (Aulu-Gelle, *loc cit.*). A cette époque, en effet, les mœurs sévères et simples des anciens Romains que je rappelais au début de cette étude s'étaient déjà profondément altérées au souffle de la richesse des peuples vaincus, ainsi que l'attestent les lois Oppia, Voconia

qui sont presque contemporaines de l'action *rei uxoriæ*,
et qui nous montrent les efforts faits par les législa-
teurs pour y porter remède (Salluste, *Hist.*, frag. I, 3).
Les divorces se multipliant, il importait de pallier à un
état de choses si préjudiciable à la femme et à l'intérêt
public. Il fallait assurer aux femmes la conservation et
la restitution de leur dot pour qu'elles puissent se
remarier. La loi romaine, en effet, à la différence de
la nôtre, se montre favorable aux seconds mariages,
bien qu'il soit présumable que les mœurs primitives et
Rome y aient répugné.

Sans doute, pour assurer la restitution de la dot, on
commença par joindre à sa constitution une stipulation
de retour pour le cas de divorce. C'est, en effet, un
droit pour tout donateur de mettre telle restriction que
bon lui semble à sa libéralité, et, notamment, de stipuler le droit de retour en prévision de telle éventua-
lité. Dès lors, la femme, seule, ou avec le consentement de celui qui constituait la dot pour le cas où la
constitution de dot n'émanait pas d'elle-même, stipu-
lait de son mari que les biens qui composaient sa dot
lui seraient rendus en cas de divorce (Aulu-Gelle,
loc. cit.). Mais il était également juste de tenir compte
tant des motifs du divorce que des charges qui res-
taient au mari. De là la formule habituelle de stipulation rapportée dans un passage de Boëce (*ad Cicer.
Topic.*, XVII, 66) : « Dos interdum his conditionibus
dari solebat, ut si inter virum et uxorem divortium

contigisset, quod *melius æquius* esset apud virum maneret, reliquum dotis restitueretur uxori. »

De cet usage de la stipulation à l'action *rei uxoriæ*, destinée à suppléer cette convention lorsque les parties l'avaient omise, il n'y avait qu'un pas ; ce pas fut vite franchi, et la restitution de la dot, de coutumière qu'elle était, devint légale, sans perdre pour cela son caractère de règlement de famille.

Tout d'abord, l'action *rei uxoriæ* fut créée en faveur de l'épouse divorcée seulement, mais elle fut bientôt étendue à la veuve. La loi 66, pr., Dig., *Soluto matrim.*, liv. XXIV, tit. 3, nous prouve qu'elle existait déjà du temps des Gracques. Il ne fallait pas, en effet, que la veuve fût exposée à se trouver sans ressources après la mort de son mari. Toutefois, l'ancien édit *De alterutro*, d'après lequel la veuve devait opter entre les dispositions testamentaires faites à son profit par le mari et l'action *rei uxoriæ*, sans pouvoir les cumuler, prouve que cette action n'avait toujours qu'un caractère subsidiaire.

Si, au contraire, le mariage venait à se dissoudre par le prédécès de la femme, la situation n'était pas la même. C'est pourquoi l'action *rei uxoriæ* ne s'exerçait pas dans ce cas ; établie en faveur de la femme, pour les raisons ci-dessus exposées, elle ne passait pas à ses héritiers. Toutefois, une exception avait été faite en faveur de l'aïeul paternel qui avait constitué une dot profectice ; cet ascendant pouvait se faire restituer la dot, et le jurisconsulte Pomponius nous en donne naïvement le motif : « Jure succursum est patri, ut filia amissa solatii loco cederet, si redderetur ei dos ab ipso profecta; ne et filiæ amissæ et pecuniæ damnum sentiret (L. 6, pr., Dig., *De jure dot.*). » Cette action fut, d'ailleurs, toujours considérée comme une exception. Pour qu'elle fût possible, il fallait que le mariage eût pris fin par le prédécès de la femme, et qu'il n'y eût pas d'enfants (Ulpien, tit. 6, § 4).

Après avoir ainsi indiqué quel fut le caractère de la dot dans le droit romain, et quelle fut l'origine de l'action dotale, il importe d'en exposer brièvement les principaux caractères. Je me propose donc d'étudier maintenant les principales règles, tant de l'action *rei uxoriæ* que de l'action *ex stipulatu.*

SECTION II.

DE L'ACTION « REI UXORIÆ. »

L'action *rei uxoriæ* avait un caractère tout spécial, tout exceptionnel, qui apparaît tout d'abord dans la formule. Bien qu'elle ne nous soit pas exactement parvenue, nous savons, par un texte de Gaius, qu'elle était « *in bonum et æquum concepta* (L. 8, Dig., *De cap. min.*, liv. IV, tit. 5). » Et Cicéron, et son commentateur Boëce, nous apprennent que le texte de la formule contenait ces mots : *Quid æquius melius erit*. De cette particularité de la formule, faut-il conclure que cette action différait des actions de bonne foi ordinaires? En d'autres termes, la clause *quid æquius melius erit*, est-elle équivalente à la clause *ex bona fide*? S'il fallait en croire les Institutes (§ 29, tit. 6, liv. IV), il faudrait répondre par l'affirmative; car Justinien nous dit, dans ce texte, que l'action *rei uxoriæ* était mise au nombre des actions de bonne foi. Malgré cela, il est peu supposable que tel ait été le droit classique. D'une part, il est, en effet, difficile d'admettre que, dans une législation aussi formaliste que le droit romain, une différence, dans la nature même de l'action, ne répondît pas à une semblable différence dans la formule; d'autre part, cette action *rei uxoriæ*, n'est mentionnée, ni dans l'énumération des actions de bonne foi que nous a laissée Cicéron, ni dans celle de Gaius (Cicéron, *De officiis*, III, 17; Gaius, IV, 62).

Quel est alors le caractère spécial de ces actions *in bonum et æquum conceptæ* au nombre desquelles figurait l'action *rei uxoriæ*? Je reproduis sur ce point la doctrine exposée par Cujas, reprise après lui par M. de Savigny (*Syst.*, t. II, §§ 71 et 73).

Dans cette doctrine les actions *in bonum et æquum conceptæ* formeraient un petit groupe d'actions spéciales se composant de l'action *rei uxoriæ*, de l'action d'injures, de l'action *sepulchri violati* et de l'action *de effusis*, au cas seulement pour cette dernière où c'est

un homme libre qui a été atteint (L. 8, Dig., liv. IV,
tit. 5; LL. 11,§1 et 18, pr., Dig., De injuriis,liv.XLIV,
tit. 10; L. 10, Dig., De sep. viol., liv. XLVII, tit. 12;
LL. 1, pr. et 5, § 3, Dig., De his qui eff.,liv. IX, tit. 3).
— Ces actions présenteraient notamment deux particu-
larités : 1° le juge aurait un pouvoir d'appréciation tout
exceptionnel, beaucoup plus étendu que dans les actions de bonne foi ordinaires : s'agit-il, en effet, d'une
action de bonne foi ordinaire, le juge devait condam-
ner à ce qui était dû suivant les usages, l'équité, les
habitudes du commerce; s'agit-il, au contraire, d'une
action *in bonum et æquum conceptæ*, il aurait fait
son estimation d'après son appréciation personnelle, il
aurait condamné *quanti bonum et æquum videbitur*
ainsi que le porte la loi 3, Dig., *De sepul. viol.* (De
Savigny, *Syst.*, t. III, 93, 94);—2° ces actions seraient
individuelles, attachées à la personne elle-même, c'est-
à-dire à la personne physique, d'où elles ne se perdraient pas par la *minima aut media capitis minutio*,
mais elles se perdraient par la mort naturelle et ne seraient point transmissibles aux héritiers.

Cela admis, quel est le principe commun qui aurait
fait soustraire ainsi ces actions aux effets habituels de
la *capitis minutio?* M. Gide, dans son étude *sur le Caractère de la dot* (p. 30 et s.), a essayé de le dégager
d'une façon très ingénieuse. Ces actions, dit-il, ne sont
point, à proprement parler, des actions pécuniaires.
Sans doute, en droit romain, toutes les actions abou-

2

tissent à une prestation pécuniaire, celles-ci comme les autres ; mais leur cause, leur but principal est la réparation non pas d'une atteinte portée directement au patrimoine, mais d'une injustice commise à l'égard de ceux auxquels elles sont accordées. Telle est l'action d'injures, telle est la *querela inofficiosi testamenti* qui a pour but de réparer le préjudice moral né de l'infraction à l'*officium pietatis*. Telle est également l'action *rei uxoriæ* qui a été créée pour réparer le préjudice moral qui naissait pour la femme de la cessation de la vie commune et de la perte des avantages qu'elle en retirait.

Je ne me propose pas d'examiner d'une façon approfondie si cette théorie est bien fondée, cela m'entraînerait trop loin ; mais il me semble difficile de conclure de la personnalité de ces actions qu'elles ne sont pas des actions pécuniaires. D'une part, en effet, il existe des droits absolument pécuniaires qui sont aussi individuels que ceux-ci, par exemple le droit d'accepter une hérédité ; et, d'autre part, parmi ces actions, il en est une, au moins, la *querela inofficiosi testamenti* qui est en réalité une véritable action pécuniaire.

J'estime qu'il faut se garder de trop généraliser· et qu'il faut se borner à dire que le caractère commun que présentent les anomalies de ces actions comparées aux autres institutions du droit romain est d'avoir une nature un peu moins juridique : « in facto potius quam n jure consistunt, » suivant l'expression employée par

Modestin dans la loi 10 Dig., *De cap. min.*, liv. IV, tit. 5 (de Savigny *loc. cit.*).

Ainsi que je l'ai indiqué l'action *rei uxoriæ* est essentiellement personnelle à la femme ; d'où il suit que si elle est *sui juris* lors de la dissolution du mariage, elle en a seule l'exercice. Si, au contraire, elle est encore *filia familias*, de ce caractère spécial de l'action découle une dérogation au droit commun. Selon le droit commun, le père exercerait seul cette action ; mais il ne pourra le faire qu'*adjuncta filiæ persona*, c'est-à-dire avec le concours de sa fille qui est sous sa puissance (Ulpien, *Reg.*, VI, 6.) ou tout au moins avec le consentement de celle-ci (L. 2 ; § 2. L. 22, §§ 5 et 6 ; Dig. *Sol. mat.*, liv. XXIV, tit. 3). — La loi 3, *eod. tit.*, ajoute que la dot « communis est patri et filiæ. » Voici ce que cela signifie : tant que le droit de la femme sur la dot n'aura pas été réalisé et transformé en argent par suite d'un payement ou d'une novation, ou par l'effet de la *litis contestatio*, ou par tout autre acte équivalent, ce droit appartient à la fille seule. Bien plus, si celle-ci antérieurement à l'un de ces actes vient à sortir de la puissance paternelle, c'est elle qui aura l'action *rei uxoriæ* et le père n'aura rien à y prétendre (L. 42, pr. L. 66, § 2 ; Dig., liv. XXIV, tit. 4 ; L. 14, pr. Dig., liv. XXXV, tit. 2 ; L 8, Dig,, ilv. IV, tit. 5). Mais ce même droit, dès qu'il aura été réalisé et converti en valeur pécuniaire appartiendra au père et au père seul. La loi 10, § 1, Dig., liv. XLVIII, tit. 20, supposant que

le patrimoine du père vient à être confisqué, décide
que l'action *rei uxoriæ* est comprise dans la confiscation,
et la loi 31, § 2, Dig., liv. XXIV, tit. 3, ne contredit
pas cette solution.

Il fallait donc que le père ait le consentement de sa
fille pour exercer l'action *rei uxoriæ*; mais ce consentement n'avait pas besoin d'être exprès : la loi 2, § 2, Dig.
Soluto matr., liv. XXIV, tit. 3, décide que si la fille est
présente et ne fait pas d'opposition à la demande du
père, elle est censée par cela même donner son consentement ; si, au contraire, la fille était absente, le père
devait donner la caution *rem ratam filiam habituram.*

Si, au contraire, le père est absent, par exemple
s'il est captif, la fille pourra intenter l'action, mais à la
charge de donner la caution *de rato.* Si le père est *fu-
riosus*, l'action sera intentée, soit par le curateur de
celui-ci, soit par la fille elle-même, mais à la charge
de donner la caution *de rato* (L. 22, §§ 10 et 11, Dig.,
Sol. matr.). Le § 6 de cette loi décide que si le père
est dans des conditions telles qu'il y a lieu de craindre
qu'il vienne à dissiper la dot, celle-ci pourra lui être
refusée.

Cette dérogation au droit commun, qui exige le
concours des deux volontés pour l'exercice de l'action
rei uxorix était très juste dans l'ancien droit romain,
car, avant les Antonins, le père pouvait, en vertu de sa
puissance paternelle, prononcer le divorce entre sa

fille et son gendre, et il ne fallait pas qu'il pût le faire dans un intérêt pécuniaire.

De ce que l'action *rei uxoriæ* est personnelle à la femme, il résulte cette autre conséquence que si, ayant survécu au mariage, elle meurt avant d'avoir mis le mari ou ses héritiers en demeure de restituer la dot, l'action s'éteint, et que si elle meurt au cours du mariage, l'action ne passe point à ses héritiers (Ulpien, *Reg.*, tit. 6, §§ 4 et 7). Toutefois, les héritiers de la femme ayant survécu au mariage auront l'exercice de l'action si le mari a été mis en demeure de restituer la dot. Il fallait, en effet, réparer le préjudice résultant de la *mora* et mettre les parties dans le même état que si, au jour de la mise en demeure, il y avait eu payement effectif. Je rappelle en outre que si le mariage était dissous par le prédécès de la femme, la dot profectice revenait à l'ascendant qui l'avait constituée, sauf la retenue faite par le mari d'autant de cinquièmes de la dot qu'il y avait d'enfants survivants.

Quant à la question de savoir à quel moment la dot doit ou peut être restituée, le principe est qu'elle ne doit l'être qu'à la dissolution du mariage, soit par suite de divorce, soit par suite du décès du mari. Toutefois, dès l'époque classique, on admit que la femme aurait le droit d'exiger la restitution de sa dot, lorsque le mauvais état des affaires du mari la compromettrait et de l'accepter si le mari l'offrait dans certains cas déterminés. Il y a donc des cas où la restitution est forcée et d'autres où elle est volontaire.

1° *Cas de restitution forcée*. — *A.* A la dissolution du mariage, la femme a le droit d'exiger la restitution de sa dot par l'action *rei uxoriæ*, et Ulpien nous apprend que le mari devra restituer immédiatement les corps certains qui lui ont été remis sans estimation, et que pour les choses fongibles ou estimées, il jouira de trois délais d'un an pour se libérer (Ulpien, *Regl.*, VI, § 8).

B. Au cours du mariage, bien qu'en principe la restitution de la dot ne fût pas permise, la loi 24 pr. Dig. *Sol. matr.* décide que la femme a le droit de l'exiger, lorsque le mauvais état des affaires du mari compromet manifestement son existence. Et la loi 30, C., liv. V, tit. 12 nous apprend qu'à l'époque classique, l'exercice de cette action était rendu possible *ficti divortii falsa dissimulatione*. Il est vrai que Justinien rendit inutile cette fiction par la Constitution qui forme la loi 29 au même titre. Cette loi fit plusieurs innovations : d'une part, elle n'exigea plus que le mari fût *evidentissime* insolvable, elle se contenta qu'il fut *ad inopiam deductus* ; de l'autre, elle créa un état provisoire qui mit la dot entre les mains de la femme sans lui faire perdre son caractère dotal : elle donne à la femme le droit de retenir, à titre de gage, les choses à elle hypothéquées par le mari pour la sûreté de ses reprises, et lui confère le privilège d'une exception qui lui permettra de repousser les offres d'un créancier hypothécaire postérieur en rang qui voudrait exercer le *jus offerendæ pecuniæ*. De plus, la femme peut, suivant son droit, faire valoir les hypothèques qui grèvent les biens aliénés par le mari, comme si le mariage était dissous; mais quant au règlement de compte entre époux, il ne pourra s'effectuer qu'à la dissolution du mariage.

2° *Cas de restitution volontaire*. — En principe, le mari ne peut pas effectuer et la femme ne peut pas accepter valablement une restitution anticipée de la dot, en dehors des cas de restitution forcée. Quant au motif de cette prohibition on a donné deux explications différentes : les uns soutiennent que cette interdiction est une conséquence de la prohibition des donations entre époux; les autres, au contraire, que cette interdiction a une existence propre, indépendante de la prohibition des donations entre époux, et découlant d'une disposition spéciale que motive la destination de la dot qui est de fournir de la part de la femme une contribution aux charges du mariage, laquelle destination subsiste pendant toute la durée du mariage : *dotis causa perpetua est* (Pellat, *Textes sur la dot*, p. 342 et suiv.). Quoi qu'il en soit de l'origine de cette prohibition, des exceptions furent introduites au principe. Ces exceptions sont énumérées dans la loi 73, § 1, Dig., *De jure dotium*, et la loi 20, Dig., *Soluto matrim*. La dot peut être valablement restituée à la femme, « ut se suosque alat, » c'est-à-dire, pour qu'elle pourvoie à ses besoins et à ceux de ses gens; « ut fundum idoneum emat, » c'est-à-dire, pour acheter un fonds d'un usage commode ou d'un bon rapport; « ut in exsilium, ut in insulam relegato parenti præstet alimonia, aut ut egentem virum, fratrem sororemve sustineat, » c'est-à-dire, pour permettre à la femme de soutenir ou de racheter de captivité des personnes qui lui tiennent de près; par les mots *egentem virum*, il faut entendre le mari actuel, et supposer que ce n'est pas lui qui rend la dot, mais son père sous la puissance duquel il se trouve, plutôt qu'un premier mari divorcé tombé dans la détresse (Pellat, *loc.*, *cit.*); ut æs alienum solvat, c'est-à-dire, pour que la femme paye ses dettes.

Quel est l'objet de la créance dotale? Le principal de l'obligation du mari se détermine en tenant compte de la nature des biens dotaux, du mode de constitution de dot et des modifications que la *permutatio dotis*, c'est-à-dire le droit de modifier l'objet et la valeur de la créance dotale, a pu introduire dans l'objet primitif de l'obligation du mari.

L'obligation du mari est régie par les principes ordinaires des obligations : elle est de choses fongibles ou de corps certains, suivant que des choses fongibles ou des corps certains lui ont été remis en dot (LL. 10 et 42, Dig., *De jure dotium*). Si une estimation a eu lieu dans la constitution de dot, il faut distinguer :

valait-elle vente, ce qui est *in dote*, c'est la valeur de l'estimation; ne valait-elle pas vente, c'est la chose remise elle-même.

L'immeuble dotal doit donc être restitué en nature franc et quitte de toute charge, car il est défendu de l'hypothéquer. Mais que faut-il décider depuis la loi Julia, si le mari l'a aliéné sans le consentement de la femme? Dans ce cas, la femme le recouvrait par une action en revendication qu'elle se faisait céder par le mari ou que lui donnait le préteur.

Il y a lieu d'examiner deux cas particuliers qui peuvent donner lieu à des difficultés spéciales : ce sont les cas où la dot consiste en un usufruit ou en une créance.

1° *Cas où la dot consiste en usufruit.* — Plusieurs hypothèses sont possibles; il y a lieu de les examiner successivement.

A. La femme apporte en dot à son mari un usufruit dont elle jouit sur un bien de celui-ci. La loi 78 pr Dig., *De jure dotium* décide qu'en cas de divorce ou de prédécès du mari, le mari ou ses héritiers devront constituer à la femme un usufruit sur le même fonds, le premier usufruit s'étant éteint par la mort du mari. Si, au contraire, la femme prédécède, le mari est réputé n'avoir reçu aucun émolument à l'occasion de la dot, parce que, quand même il n'aurait pas épousé cette femme, l'usufruit finissant par la mort de l'usufruitière serait revenu à la nue propriété.

B. La femme apporte en dot à son mari un usufruit sur un fonds qui lui appartient à elle-même. La loi 78, § 2, *eod. tit.*, décide qu'alors il existera dans la personne du mari un usufruit proprement dit, lequel pourra être perdu par défaut d'usage de sa part.

Si le mari a perdu l'usufruit par non-usage, il faut distinguer suivant que la femme a conservé ou a perdu la propriété du fonds. A-t-elle conservé la propriété, elle recueille l'avantage de l'usufruit ; elle n'a plus rien en dot qui puisse être réclamé par l'action dotale. A-t-elle aliéné la propriété, ce n'est plus elle, mais l'acquéreur qui se trouve plein propriétaire ; par suite elle reste encore dotée, et si le mariage est dissous par le divorce, elle peut demander au mari la réparation du tort qu'il lui a causé en laissant perdre l'usufruit.

Si, au contraire, le mari n'a pas perdu l'usufruit, il faut distinguer : si le mariage se dissout par sa mort, l'usufruit s'éteint, et fait retour à la nue propriété *jure communi* ; s'il se dissout par la mort de la femme, l'usufruit ne s'éteint pas pour cela, et le mari le conserve toute sa vie ; s'il se dissout enfin par le divorce, la femme aura l'action *rei uxoriæ* pour obliger le mari à lui céder son droit *in jure*, dans le cas où elle est restée nu-propriétaire. Si elle n'était plus propriétaire, elle pourrait néanmoins exiger par l'action *rei uxoriæ* que le mari abandonne l'usufruit ; car, ou la femme est encore tenue par l'action *ex empto* à fournir l'usufruit, ou elle espère en obtenir le prix du nu-propriétaire, ou enfin elle peut avoir un intérêt moral à lui laisser gratuitement cet usufruit.

C. Un tiers a consenti à constituer en dot un usu-fruit sur ses propres biens. L'usufruit s'éteindra par la mort du mari ; si donc le mariage est dissous par le prédécès du mari, la femme n'aura rien à réclamer. Si, au contraire, le mariage est dissous par le divorce, l'usufruit subsiste et la femme aura le droit d'en récla-mer la restitution. Mais comment se fera-t-elle? Il y a là, en effet, une difficulté, car l'usufruitier ne peut faire la cession juridique de son droit qu'au nu-pro-priétaire. Pomponius, dans la loi 66, Dig., *De jure do-tium*, dit qu'on aura recours à un expédient : le mari louera ou vendra à la femme cet usufruit, *nummo uno* de façon que le droit lui-même reste au mari et que la femme ait la faculté de percevoir les fruits. Dans la loi 57, *Sol. matr.,* Marcellus indique deux autres pro-cédés : le mari donnera caution à la femme de la lais-ser jouir, elle et ses héritiers, tant qu'il vivra, ou bien il cédera *in jure* l'usufruit au nu-propriétaire, afin que celui-ci constitue à son tour par une cession juridique un nouvel usufruit à la femme, ou lui donne un équi-valent.

D. La femme se constitue en dot un usufruit qu'elle a sur le bien d'un tiers. Si la femme conserve l'usu-fruit sur sa tête, le mari en a seulement l'exercice qu'il rendra à la femme à la dissolution du mariage, si elle arrive autrement que par le prédécès de celle-ci.

2° *Cas où la dot consiste en un droit de créance.* — Il faut distinguer suivant que la créance de la femme existe contre son mari ou contre un tiers.

Au premier cas, la femme recouvrera le montant de sa créance à la dissolution du mariage; mais la loi 77, *De jure dotium* décide qu'elle n'aura pas droit aux intérêts, lesquels ne sont point dotaux, parce que l'obligation tout entière est éteinte comme si la femme ayant été payée de sa créance avait donné en dot ce qu'elle avait reçu.

Au second cas, il y a lieu de sous-distinguer suivant que le mari a été investi de la créance par une délégation émanée de la femme ou par une « procuratio in rem suam. »

A. La femme délègue à son mari son débiteur qui, par une stipulation, promet à celui-ci, comme dot, ce qu'il devait à sa femme. Sur qui doit retomber la perte résultant de son insolvabilité ? Sur le mari ou sur la femme ? Le droit commun, en cas d'insolvabilité du délégué, le délégataire n'a point de recours contre le délégant, la perte est pour lui. Faut-il appliquer cette règle au mari et décider qu'il sera obligé de restituer à la femme réclamant sa dot, la totalité de la somme ? Faut-il décider, au contraire, que la délégation est réputée faite aux risques de la femme et que l'insolvabilité du débiteur délégué ne retombe sur le mari que s'il a été négligent, ou s'il a fait novation à ses risques et périls ? La question est controversée. La seconde opinion me semble préférable, car le mari est dans une situation spéciale, bien différente de celle d'un créancier qui reçoit un payement. Pour savoir ce qu'il doit restituer, il faut examiner ce qu'il a réellement reçu, ou ce qu'il a manqué de recevoir par sa faute; il est donc naturel de sous-entendre la convention que la délégation se fait aux risques et périls de la femme (Pellat, *Textes sur la dot*, L. 41, § 3, *De jure dotium*). Ce texte de Paul semble bien indiquer qu'il y a lieu de distinguer si le mari a pu ou non agir avant l'insolvabilité du débiteur, et que le mari ne doit supporter la perte que s'il a sciemment pris pour bonne la créance telle qu'elle était au moment de l'obligation ; en d'autres termes, que s'il s'y est tacitement engagé. On objecte, il est vrai, la loi 6, *De pactis dot.*, d'après laquelle le mari ne peut convenir qu'il répondra seulement de son dol relativement à la dot, quoiqu'il puisse convenir que la créance contre le débiteur qui lui a promis la dot ne sera pas à ses risques et périls « quamvis pacisci possit, ne sit periculo ejus nomen debitoris qui ei dotem promisit » d'où, conclut-on *a contrario*, si le mari peut faire cette convention, c'est que de droit commun, la *delegatio dotis causa* est réputée faite à ses risques. Cette objection a sans doute beaucoup de force, mais pour détruire le système que je viens d'exposer, il faudrait qu'il fût démontré qu'il ne s'agit pas de cas spéciaux où, d'après les circonstances, le mari aurait paru se charger des risques, « sequi nomen delegatio », par exemple, s'il savait que le débiteur délégué était insolvable, auquel cas il lui est utile de convenir que les risques sont non pour lui, mais pour la femme.

B. La femme a constitué son mari « procurator in rem suam. » Dans ce cas, la question de responsabilité que je signalais tout à l'heure ne se pose pas. Tandis que la délégation, dans les idées romaines, équivalait à un jugement, la *procuratio in rem suam* ne déplaçait pas la créance, et, par suite, la femme subissait les risques de l'insolvabilité du débiteur ; le mari n'était tenu que de son dol ou de sa fraude. C'est ce que décide Paul dans la loi 49, pr., Dig.,*Sol. matr.* : le mari, s'il n'est coupable ni de dol, ni de fraude, qui n'a pas pu, malgré cela, obtenir le payement de la créance, ne pourra être actionné, ni par l'action *rei uxoriæ*, ni par l'action de mandat pour restituer la somme qui aurait dû être touchée.

Au principal de la créance dotale, venaient s'adjoindre certains accessoires résultant tant de l'étendue des risques que le mari a pris à sa charge, que du but même de la dot qui est de lui donner les moyens de subvenir aux charges du mariage. C'est ainsi que les fruits perçus intégralement par le mari, dans la première ou la dernière année du mariage, doivent être répartis entre lui et la femme, proportionnellement à la durée du mariage pendant ces années (LL. 1, 5, 6, 7,

Dig., *Sol. matr.*). Quant aux accessoires des biens dotaux qui n'ont pas le caractère de fruits, tels que le part des esclaves dotaux, ils doivent appartenir à l'époux qui a couru les risques de leur perte fortuite.

D'un autre côté, le mari peut, en restituant les biens dotaux, faire valoir sur eux certains droits, exercer certaines *retentiones*, qui sont énumérées dans le § 9 du titre 6 des *Règles* d'Ulpien. Parmi ces *retentiones*, les unes sont exigibles à la cessation du mariage, quel que soit le mode de dissolution, ce sont les « retentiones propter impensas, propter res donatas, propter res amotas; » les autres ne le sont qu'au cas de divorce, ce sont les « retentiones propter liberos et propter mores. »

Quant à l'idée qui les explique, les unes sont une conséquence de l'ancienne maxime : *Dotis causa perpetua est*, ce sont les « retentiones propter mores, liberos, impensas; » les autres, au contraire, reposent sur une idée distincte de l'idée de dot, ce sont les « retentiones propter res amotas aut donatas. »

Voici, du reste, d'après le texte d'Ulpien, l'énumération de ces diverses *retentiones* :

1° *Propter liberos.* — Le § 10 du même titre d'Ulpien, nous apprend que la rétention *propter liberos* peut avoir lieu si le divorce a eu lieu par la faute de la femme ou du père, sous la puissance duquel elle est placée; alors le père pourra retenir sur la dot autant de sixièmes qu'il y a d'enfants, sans que la valeur totale puisse dépasser trois sixièmes. Il ne peut exercer ce droit que *via retentionis* et non *via petitionis*.

2° *Propter mores*. — Le § 12, *eod. tit.*, nous apprend que, *morum nomine*, la *retentio* était d'un sixième pour *mores graviores*, c'est-à-dire l'adultère, et seulement d'un huitième pour *mores leviores*, c'est-à-dire toue autre faute. Il y a là une peine contre la femme pour ses infractions aux bonnes mœurs. Il est vrai que le mari, de son côté, était passible de certaines peines si le divorce provenait de son inconduite. Si la dot devait être rendue « annua, bima, trima die, » c'est-à-dire à des intervalles d'un an, il devra la restituer immédiatement s'il s'est rendu coupable d'adultère, et à des intervalles de six mois s'il s'est rendu coupable d'une faute moins grave; si, au contraire, la dot devait être restituée immédiatement, il devra, en plus de la créance dotale, les fruits produits par la chose qu'il restitue, dans la mesure où il en eût profité s'il eût eu pour la restituer un délai de *biennium* (Ulpien, § 13, *eod. tit.*).

3° *Propter impensas*. — Cette *retentio* avait pour but d'indemniser le mari des dépenses qu'il avait faites sur les biens dotaux, sous certaines distinctions. Ulpien, au § 14, divise les dépenses en nécessaires, utiles ou voluptuaires, et il les définit ainsi : Les dépenses nécessaires sont celles dont l'omission entraînerait une détérioration de la dot, par exemple, la réparation d'une maison qui menace ruine (§ 15); les dépenses utiles, celles dont l'omission n'entraînerait pas cette détérioration, mais dont l'exécution rend la dot plus productive, par exemple, la plantation de vignes ou d'oliviers (§ 16); les dépenses voluptuaires, celles dont l'omission n'aurait pas entraîné une détérioration de la dot, et dont l'exécution ne l'aurait pas améliorée, par exemple, des plantations de bosquets, des peintures ou autres choses semblables (§ 17). Dans le premier cas, le mari recouvrera la totalité de la somme dépensée par lui, et la loi 5, pr., Dig., liv. XXV, tit. 1, dit que les dépenses nécessaires « ipso jure dotem minuunt, » c'est-à-dire que le mari peut retenir le montant de ces dépenses sur la dot au moment où il la restitue, et que même, s'il a fait cette restitution sans déduire la somme dépensée, il peut la répéter par la *condictio indebiti*, comme ayant rendu plus qu'il ne devait (Pellat, *Textes sur la dot*, p. 38).

Dans le second cas, le mari retiendra le montant intégral des dépenses, s'il les a faites avec le consentement de la femme, sinon il ne pourra s'en faire tenir compte qu'autant que les circonstances ne rendraient pas le remboursement trop onéreux à la femme. Dans les deux cas, la voie de la rétention lui est seule ouverte; peut-être lui accordait-on l'action *mandati* ou *negotiorum gestorum*, quoique cela fût douteux, vu sa qualité de propriétaire (LL. 7 et 8, Dig., liv. XXV, tit. 8).

Dans le troisième cas, le mari n'a ni action, ni droit de rétention; tout ce qu'il peut faire, c'est d'enlever les

3

choses ajoutées aux « res dotales voluptatis causa » si leur séparation est possible.

4° *Propter res donatas.* 5° *Propter res amotas.* — Ces deux *retentiones* pouvaient être exercées soit *via retentionis*, soit *via petitionis.* Elles avaient pour but : la première, de permettre au mari donateur de faire valoir la prohibition des donations entre époux qui étaient interdites en droit romain, avec cette restriction depuis le sénatus-consulte rendu soit sous Septime-Sévère, soit sous Antonin Caracalla qu'elles seraient confirmées, si le donateur mourait avant le donataire, sans avoir révoqué sa libéralité ; la seconde, d'indemniser le mari des soustractions frauduleuses que la femme aurait pu commettre sur son patrimoine personnel.

Je rappelle en terminant que le mari ou son *paterfamilias* poursuivi par l'action *rei uxoriæ* jouissait du bénéfice de compétence, c'est-à-dire qu'il ne pouvait être condamné au payement de la dot que dans la mesure de ses ressources « duntaxat in id quod facere potest. » Cette faveur n'était pas accordée aux héritiers du mari, mais seulement aux enfants issus du mariage. LL. 12, 13, 16, Dig., *Sol. matr.*). Elle était motivée sur les relations que le mariage créait entre les époux.

SECTION III.

J'ai indiqué dans quelles circonstances et pourquoi l'action *rei uxoriæ* était née des stipulations et des pactes adjoints aux constitutions de dot, auxquels la coutume avait peu à peu attaché une force juridique ; c'est sous l'influence d'idées analogues que s'établit ou se maintint en dehors de l'action *rei uxoriæ*, l'usage d'employer la stipulation pour obliger le mari à la restitution de la dot. Il importait, en effet, de rendre plus stricte et plus précise, l'obligation du mari de restituer la dot.

Par suite de la stipulation, la dette du mari se transformait en une dette de droit commun, de droit strict. Tandis que l'action *rei uxoriæ* laissait une grande latitude au juge ; l'action *ex stipulatu* qui naissait de cette stipulation, déterminait *a priori* le *quantum* de la restitution que le mari aurait à faire, et le soustrayait aux hasards d'une estimation *ex æquo et bono*. De plus, grâce à l'emploi de cette stipulation, la femme pourvoyait plus efficacement à l'intérêt de ses héritiers, puisque, si elle venait à mourir au cours du mariage, ses héritiers auront droit à la restitution de la dot qui, sans cette stipulation, serait restée dans le patrimoine du mari.

Les avantages de l'action *ex stipulatu* résulteront, du

reste, clairement des différences qui existaient entre
elle et l'action *rei uxoriæ*, différences qu'on peut résu-
mer comme il suit :

1° L'action *rei uxoriæ* était une action de bonne foi, ou
plutôt une action *æquius melius concepta* ; l'action *ex
stipulatu* était une action de droit strict (Inst., liv. IV,
tit. 6, § 29).

2° L'action *rei uxoriæ* n'appartenait pas aux héritiers
de la femme ; elle n'appartenait qu'à la femme elle-même
en cas de dissolution du mariage par le prédécès du
mari ou le divorce, et même cette action n'était transmissible à ses héritiers que si elle était morte après
avoir mis en demeure le mari ou ses héritiers (Ulpien,
tit. 6, § 7). L'action *ex stipulatu*, au contraire, appartenait aux héritiers de la femme (Ulpien, *eod. tit.*, § 4).
La stipulation étant un contrat de droit commun, la
femme était censée stipuler pour elle et ses héritiers, et
à cet égard, il n'y avait pas à rechercher comment le
mariage avait été dissous.

3° L'action *rei uxoriæ* ne pouvait être exercée que
par la femme ou tout au moins avec son concours ; l'action *ex stipulatu*, au contraire, était régie par les règles
du droit strict.

4° Le mari poursuivi par l'action *rei uxoriæ* pouvait
opposer certaines *retentiones* (Ulpien, *eod. tit.*, § 9); il ne
le pouvait pas, lorsqu'il était poursuivi par l'action *ex
stipulatu*.

5° Le mari poursuivi par l'action *rei uxoriæ* jouissait

de certains délais pour la restitution des choses dotales
« quæ pondere, numero mesurave contineantur »
(Ulpien, *eod. tit.*, §8); poursuivi par l'action *ex stipulatu*,
il ne jouissait d'aucun délai particulier.

6° Le mari poursuivi par l'action *rei uxoriæ* pouvait
opposer le bénéfice de compétence; poursuivi par
l'action *ex stipulatu*, il semble qu'il ne pouvait se prévaloir de ce bénéfice (L. 1, § 7, C., *De rei uxor. act.*,
liv. V, tit. 13).

7° Si le mari avait, dans son testament fait des libéralités à sa veuve, le préteur présumait que ces libéralités étaient destinées à lui tenir lieu de la restitution
de sa dot. La femme était obligée d'opter entre les
avantages testamentaires et l'action *rei uxoriæ*. Tel
était l'objet de l'ancien édit *De alterutro*. Si, au contraire, la femme avait stipulé la restitution de sa dot,
il semble qu'elle était soustraite à cette option ; par
suite, elle cumulait le bénéfice de la stipulation de
restitution et celui de la libéralité qui lui était faite,
à moins, bien entendu, que le mari ait exprimé une
volonté contraire.

Il ne faudrait cependant pas croire que la stipulation de restitution de la dot n'eût que des avantages.
Elle a aussi ses inconvénients, et souvent les conséquences qu'elle entraîne sont contraires à l'idée même
de la dot qu'elle a pour but de garantir. Pour s'en
rendre compte, il faut les examiner à l'égard de la
femme et à l'égard des enfants.

1° *Quant à la femme.*—Il y a lieu de distinguer entre le cas où elle était mariée avec *conventio in manum*, et celui où elle était mariée sans *conventio in manum*.

A. La femme est mariée avec *conventio in manum*. La stipulation de restitution de la dot peut émaner ou de la femme elle-même, ou d'un tiers qui a constitué une dot *receptitia*. Emane-t-elle de la femme, il y a lieu de distinguer, suivant qu'elle est *sui aut alieni juris*. Est-elle *sui juris*, par l'effet de la *conventio in manum*, les relations juridiques qui existent entre le stipulant et le promettant ne peuvent plus exister, la femme étant sous la puissance du mari ; la stipulation se trouve donc dépourvue d'effets. Est-elle *alieni juris*, la créance née du contrat est acquise au père de famille *jure communi*; par suite, à la mort de celui-ci, elle passe à ses héritiers au nombre desquels la femme ne se trouve même plus, puisqu'elle est passée dans la famille de son mari. Reste le cas où il s'agit d'une *dos receptitia* constituée par un tiers; en stipulant la restitution à la dissolution du mariage, c'est ce tiers qui profitera de la stipulation de retour.

B. La femme est mariée sans *conventio in manum*. Les mêmes distinctions doivent être faites. La stipulation émane-t-elle de la femme *sui juris*, c'est la femme qui acquiert pour elle-même le bénéfice de la stipulation qui produit alors tout son effet. Emane-t-elle de la femme *alieni juris*, *in potestate patris*, la créance née du contrat est acquise au père de famille,

à la mort duquel elle passe à ses héritiers, par exemple
à tous ses enfants, à ses fils comme à sa fille dotée, et
la dot ne reste plus tout entière à la femme pour
favoriser une nouvelle union. Emane-t-elle enfin d'un
tiers qui a constitué la dot, la solution est la même que
dans le cas de mariage avec *manus.*

2° *Quant aux enfants.* — L'emploi de la stipulation
leur était évidemment préjudiciable, car la dot revenait ainsi à leur mère, et ils n'avaient aucun droit
de succession sur ses biens, ils n'étaient pas ses héritiers *ab intestat* ; bien plus, ils ne pouvaient guère être
ses héritiers testamentaires, puisque jusqu'à Hadrien
les femmes ingénues n'avaient pas le droit de tester. Il
est vrai qu'elles pouvaient, au moyen d'une *coemptio*
suivie d'une émancipation, se placer dans la situation
des affranchies, et acquérir le droit de tester (Gaius I,
§ 115), mais il leur fallait pour cela l'autorisation de
leurs tuteurs.

C'est pourquoi il est probable qu'à l'origine le nombre de ces stipulations ne fut pas très important ; mais
la situation changea. Sous les Antonins, on voit la
parenté naturelle devenir une cause de vocation à l'hérédité légitime. Le sénatus-consulte Orphitien donna
aux enfants le droit de succéder à leur mère, et par
suite, ceux-ci purent recueillir dans sa succession les
biens dotaux qui lui avaient été restitués. L'habitude
de stipuler la restitution de la dot tout entière se
répandit sans doute à partir de cette époque, vu les

avantages qu'elle conférait à la femme, notamment celui-ci, savoir que le mari ne pouvait plus invoquer l'intérêt des enfants, ne pouvait plus invoquer la *retentio propter liberos* (V. Labbé, *De la dot*; Ortolan, 11ᵉ édit. Appendice, IX).

Quoi qu'il en soit, à l'époque de Justinien, l'usage de la stipulation était sans doute constant, aussi ce prince le sous-entendit-il dans toutes les constitutions de dot. Il fondit les deux actions en une seule, à laquelle il donna le nom d'action en stipulation réunissant les avantages que chacune des deux actions donnait à la femme. Cette nouvelle action de dot naquit de la constitution de 530 qui forme la loi unique au Code *De rei uxoriæ actione*, liv. V, tit. 13, que j'étudierai plus loin.

CHAPITRE II

DES GARANTIES ACCORDÉES A LA FEMME POUR LUI ASSURER LA CONSERVATION ET LA RESTITUTION DE SA DOT DANS LE DROIT CLASSIQUE.

Je me suis borné jusqu'ici à exposer les caractères généraux de la dot en droit romain dans ses diverses périodes; j'ai indiqué les transformations successives que l'antique maxime *dotis causa perpetua est* avait subies, recherchant l'origine et le développement des actions en restitution de dot. Mais il ne suffisait pas d'avoir imposé au mari l'obligation de rendre la dot;

il fallait de plus assurer l'exécution de cette obligation. Le mari est propriétaire des biens dotaux; jusqu'à la loi Julia il en était le maître absolu, et par suite, il pouvait compromettre par des aliénations valables, le droit de la femme à la restitution. Celle-ci n'a, en effet, qu'un droit de créance, insuffisant comme tous les droits de créance lorsque le débiteur est insolvable; il fallait donc leur assurer des garanties. Ce sont ces garanties que je me propose maintenant d'étudier. La première résulte de la loi Julia *De adulteriis* qui défend au mari de disposer de la dot en l'aliénant sans le consentement de sa femme; la seconde consiste en un privilège attaché à la créance dotale. Mais ce n'est que sous Justinien que la femme est munie de garanties sérieuses et efficaces. Ce prince fut, on peut le dire, le véritable fondateur du régime dotal, et ce n'est pas sans raison que les nombreuses constitutions qu'il a rendues en cette matière lui valurent le surnom d'*imperator uxorius*.

Dans ce chapitre je me propose d'étudier la défense faite au mari d'aliéner l'immeuble dotal avec le consentement de sa femme, et de l'hypothéquer même avec son consentement, et le *privilegium inter personales actiones* accordé à la femme, sauf à examiner ensuite si la femme pouvait renoncer à ces garanties.

SECTION PREMIÈRE

DE L'INALIÉNABILITÉ DU FONDS DOTAL

L'inaliénabilité du fonds dotal résulte de la célèbre loi Julia *De adulteriis* rendue sous Auguste, en l'an 737 de Rome, laquelle fait défense au mari d'aliéner les biens dotaux les plus précieux, c'est-à-dire les immeubles, sans le consentement de la femme (Paul, *Sentences*, liv. II, tit. 21, B.*De dotibus*, § 2 ; L. 1, Dig. *ad legem Juliam de adult.*, liv. XLVIII, tit. 5). — Il faut tout d'abord remarquer que c'est au mari, non à la femme, que cette prohibition est faite, car cela montre bien que cette loi ne porta pas atteinte aux anciens principes et que le mari était toujours propriétaire de la dot (Gaius; II, § 63).

Il serait superflu de revenir sur les motifs qui ont fait édicter cette prohibition : le but qu'on s'était proposé d'atteindre en créant l'action dotale, ne s'étant pas réalisé, il fallait apporter un remède plus énergique à la diminution des mariages et au nombre toujours croissant des divorces.

La première question à résoudre est de savoir à quelles personnes s'appliquait la loi Julia. Cette loi ne parle expressément que du mari, mais on est d'accord pour étendre la prohibition aux successeurs universels du mari entre les mains desquels l'immeuble reste frappé d'inaliénabilité. La loi 1, § 1, Dig., *De fundo dot.*

décide que l'héritier du mari ne pourra pas aliéner l'immeuble dotal; il en est de même du maître devenu esclave, et du fisc, bien que celui-ci soit toujours réputé un successeur solvable (L. 2 pr., § 1, *eod. tit.*). — On peut encore ajouter le cas où le mari se donne en adrogation, puisque tous ses biens passent à l'adrogeant, (Gaius, II, § 83), et le cas où le mari contracte avec d'autres personnes une société *totorum bonorum*, car à l'instant même les objets appartenant à chacune de ces personnes deviennent indivis entre toutes : « quæ coeuntium sunt continuo communicantur (L. 1, § 1 et L. 2, Dig. *pro socio*, liv. XVII, tit. 2). D'un autre côté, la loi 4 Dig. *De fundo dotali*, décide que le fiancé doit à cet égard être soumis à la même règle que le mari.

Des actes compris dans la prohibition de la loi Julia. La loi Julia défendait au mari d'aliéner, et la loi 1, au Code *De fundo dotali*, liv. V, tit. 23, explique le sens de ce mot : « Est autem alienatio omnis actus per quem dominium transfertur. » La défense d'aliéner doit donc s'entendre dans le sens le plus largement protecteur pour la femme. Peu importe que l'acte relatif au fonds dotal, soit à titre gratuit ou à titre onéreux, entre vifs ou à cause de mort, le principe est toujours applicable. Bien plus, la prohibition atteint tout acte de disposition qui, sans transférer le droit de propriété lui-même en diminue l'étendue. La loi 5, *De fundo dot.*, défend au mari de laisser par le non-usage éteindre les servitudes actives qui appartiennent au fonds dotal ou de le grever de servitudes nouvelles. Il peut, toutefois, se faire qu'au cours du mariage, le mari acquiert un fonds qui soit grevé d'une servitude vis-à-vis du fonds dotal; dans ce cas, la servitude s'éteindra par voie de confusion; mais elle devra être rétablie au moment de la restitution du fonds dotal. Du reste, si le mari après avoir ainsi acheté le fonds servant le revend à son vendeur sans rétablir la servitude, la loi 7 pr. décide qu'il en sera responsable, qu'il devra indemniser la femme, et que s'il est insolvable, celle-ci obtiendra contre l'acquéreur des actions utiles pour faire rétablir la servitude. Mêmes décisions lorsque la femme apporte en dot un fonds auquel un immeuble du mari devait une servitude (L. 7, § 1, Dig., *De fundo dot.*).

D'un autre côté, la défense d'aliéner ne s'appliquait pas seulement aux aliénations conventionnelles; elle s'appliquait également aux aliénations par usucapion ou par *longi temporis præscriptio*, car s'il en eût été autrement, le mari aurait trop facilement éludé la prohibition. « Alienationis verbum etiam usucapionem continet » (L. 28, Dig., *De verb. signif.*). Néanmoins, cette prohibition n'empêche pas la prescription de long temps si, avant que le fonds fût constitué en dot, elle avait déjà commencé à courir, sauf la responsabilité du mari, qui ayant pu revendiquer en temps utile, aurait négligé de le faire (L. 16, Dig., *De fundo dot.*).

L'inaliénabilité commence et finit avec les motifs qui l'ont fait établir, et le danger qu'elle est destinée à prévenir ; elle n'est donc pas restreinte à la durée du mariage lui-même : elle commence au jour même de la constitution de dot, et elle subsiste jusqu'au jour de la restitution (LL. 4 et 12, pr. Dig. *De fundo dot.*).

A quels biens s'applique l'inaliénabilité ? Les textes ne parlent que du *prædium dotale*, c'est-à-dire, l'immeuble dotal (Gaius, II, § 63; Paul, *Sent.*, II, tit. 21, B. § 2; Instituées, liv. II, tit. 8, pr.). C'est donc seulement pour l'immeuble dotal que la prohibition a été établie.

S'applique-t-elle même à tous les immeubles ? Il faut excepter les immeubles qui ont été apportés en dot avec estimation, car l'estimation vaut vente, et dès lors ce qui est dotal, c'est moins l'immeuble lui-même que le montant de l'estimation.

Par contre, il n'y a pas lieu de distinguer suivant le mode employé pour transmettre la propriété de l'immeuble dotal au mari (Gaius, II, § 63). Peu importe que le mari ait le *dominium ex jure Quiritium* ou seulement la propriété bonitaire ; peu importe que l'immeuble soit un fonds urbain ou un fonds rural ; peu importe qu'il s'agisse d'une part dans un immeuble ou d'un fonds tout entier (L. 13, pr. et § 1, Dig., *De fundo dot.*). Mais s'il fallait en croire les Instituées, (liv. II, tit. 8, pr.), la loi Julia s'appliquait seulement aux immeubles Italiques. Il est vrai, que Gaius est beaucoup moins affirmatif; il se [borne à dire qu'il y a doute sur ce point, ce qui tendrait à faire supposer que cette distinction fut le résultat de la jurisprudence et non une défense expresse de la loi Julia.

Quant aux meubles dotaux, la restriction apportée par la loi Julia au droit de propriété du mari ne leur était pas applicable. Les textes qui sont relatifs à cette matière mentionnent toujours la limitation comme se référant non pas aux choses dotales en général, mais seulement aux immeubles dotaux : Gaius et Paul (*loc. cit.*), emploient toujours l'expression de *prædium dotale*, et les titres du Digeste ou du Code portent pour rubrique : *De fundo dotali*. Bien plus, un certain nombre de textes, notamment la loi 24 (Dig., liv. LX, tit. 1), décident que le mari a le droit d'affranchir l'esclave dotal au cours du mariage sans le concours de la femme. Il est vrai que Papinien emploie l'expression *vir qui solvendo est*; mais par là il fait allusion à la prohibition de la loi *Ælia Sentia*, qui annule les affranchissements faits *in fraudem creditorum*. Si le mari peut ainsi affranchir les esclaves dotaux, il faut en conclure qu'il peut les aliéner ou les hypothéquer. Or, les esclaves étant mis au nombre des choses mobilières les plus précieuses, il peut *a fortiori* disposer des autres meubles dotaux.

Quelque générale que soit la prohibition de la loi Julia, il y a des cas où l'aliénation de l'immeuble dotal

reste possible. Tout d'abord je rappelle que la prohibition n'est pas applicable aux aliénations *per universi-
tatem*, c'est-à-dire comprenant le patrimoine tout entier du mari; mais l'immeuble dotal reste inaliénable
entre les mains de son successeur universel, l'acquisition à titre universel soumettant l'acquéreur aux charges dont les biens acquis étaient grevés entre les mains
de son auteur. Elle ne s'applique pas non plus aux aliénations qui ont une cause nécessaire. La loi 1, pr.
Dig., *De fundo dot.*, donne un premier exemple d'aliénation nécessaire. Dans ce texte, Paul suppose que le
mari propriétaire d'un immeuble dotal menaçant ruine
ne donne pas la *cautio damni infecti*; le voisin se fera
alors envoyer en possession du fonds dotal par le
préteur, ce qui le mettra *in causa usucapiendi* et lui
permettra d'acquérir la propriété du fonds dotal, et le
jurisconsulte ajoute que cela est possible « quia hæc
alienatio non est voluntaria. » Tel est encore le cas
où, la dotalité portant sur la part indivise d'un immeuble, le partage est demandé par le copropriétaire
du mari. Il peut se faire que l'immeuble soit tout entier adjugé au copropriétaire du mari, ou licité au profit d'un étranger : il y a là une aliénation valable de la
part du fonds dotal, le mari ne pouvant s'opposer à
l'exercice de l'action en partage ni en empêcher les
conséquences naturelles. Mais le mari ne pourrait pas
prendre les devants et intenter la demande en partage

sans le consentement de la femme (L. 2, C., liv. V, tit. 23; L. 78, Dig., *De jure dot.*).

Dans tous les cas, l'aliénation est possible avec le consentement de la femme. La loi Julia a eu, en effet, pour but de protéger la femme contre son mari et non contre elle-même. Le consentement de la femme peut être exprès ou tacite. Il n'est même pas nécessaire qu'il soit donné avant l'aliénation ou tout au moins au moment où elle a lieu; il peut également être donné après. Dans la loi 77, § 5, Dig., *De legatis*, liv. XXXI, tit. 2, Papinien suppose qu'un mari ayant vendu le fonds dotal contrairement à la loi Julia, a fait un legs à sa femme, et de plus a chargé l'acheteur à titre de fidéicommis de lui remettre le prix. Il décide que sans difficulté l'acheteur n'était point tenu du fidéicommis, mais que si la femme, après avoir reçu le legs, voulait faire tomber la vente, on pourrait, en lui en offrant le prix, l'écarter par l'exception de dol. Il résulte de ce texte que la femme, après la dissolution du mariage, peut ratifier l'aliénation en acceptant un legs ou un fidéicommis de son mari.

Il me reste à rechercher la sanction de la loi Julia. Tant que dure le mariage, le mari a le droit de revendiquer le fonds contre son acheteur ou les ayants-cause de celui-ci; la vente étant nulle, le mari a les mêmes moyens d'action que s'il agissait contre un possesseur qui aurait reçu le fonds *a non domino*. Mais il peut se faire que la vente ainsi frappée de nullité se

trouve validée après coup, de telle façon que le mari
ne puisse plus agir en revendication. En dehors du cas
de ratification par la femme, il peut arriver que le mariage prenne fin par le prédécès de la femme. Alors le
mari gagne par là même la dot, et le fonds ne pourra
être enlevé à l'acheteur (L. 17, Dig., *De fundo dot.*).
Cela résulte des motifs qui ont fait édicter la loi Julia
destinée à garantir à la femme la restitution de sa dot.

On peut se demander ce qui arriverait si le mari
ayant gagné la dot par la mort de sa femme, avait
constante matrimonio revendiqué et recouvré l'immeuble. Les textes ne fournissent pas la solution de cette
difficulté. Logiquement il me semble qu'on peut soutenir, en se fondant sur les motifs de la loi Julia, que la
vente est confirmée par cela seul que le mari garde la
dot, et que l'acheteur pourra agir utilement par l'action *empti*. C'est pour une raison semblable que j'ad-
mettrais volontiers que dans le cas où la dot étant profectice, le mari est tenu de la rendre à l'ascendant paternel qui a doté sa fille morte au cours du mariage ;
le tiers acquéreur doit être à l'abri de l'éviction. On
peut, en effet, argumenter de la loi 3, § 1, Dig., *De
fundo dot.*, dans laquelle Paul pose en principe que le
fonds dotal est inaliénable toutes les fois que l'action
de dote compète ou doit sûrement compéter à la femme,
et de la loi 13, § 3, dans laquelle Ulpien décide que le
même *auxilium* qui est donné à la femme doit l'être à
son héritier, ce qui semble exclure l'ascendant pater-

4

nel qui agit *jure proprio* et non comme successeur de la femme. L'ascendant et l'étranger qui ont constitué la dot avec clause de retour n'ont donc d'autre ressource que les voies ordinaires, c'est-à-dire le droit de faire rescinder l'aliénation qui aurait été faite en fraude de leurs droits.

Si, au contraire, le mariage se dissout par le prédécès du mari ou le divorce, la femme a le droit de se prévaloir de la nullité de l'aliénation. C'est ce qui aura lieu toutes les fois que la dot doit lui revenir. Mais ici se présente une difficulté : comment la femme profitera-t-elle de cette nullité? Comment peut-elle revendiquer le fonds dotal indûment aliéné? Elle n'est que créancière et non propriétaire et par suite elle est dépourvue du droit d'agir à l'encontre des tiers mis en possession ; elle n'est en relation juridique qu'avec le mari son débiteur, et non avec le tiers. Voici comment on peut résoudre cette difficulté : le mari s'est dessaisi indûment du bien dotal; il a une action pour le reprendre ; or, cette action se trouve dans son patrimoine où elle constitue une valeur dotale que la femme pourra se faire restituer comme les autres biens dotaux. C'est comme cessionnaire, c'est-à-dire comme représentant le mari que la femme revendique; elle ne dit pas dans la formule d'action qui lui est délivrée par le préteur : « Ce fonds est à moi; » mais « ce fonds est à mon mari (Gide, *Du caractère de la dot* ; Demangeat, *De fundo dotali*, p. 332). Il est probable, au surplus, qu'au cas où le mari refusait de céder son action en revendication, le magistrat autoriserait la femme à agir en revendication *utiliter*.

La loi 13, § 3, Dig. *De fundo dotali* décide que l'héritier de la femme obtiendra la même protection que la femme elle-même. Ce texte ne signifie pas que l'héritier a dans tous les cas les mêmes droits que la femme. Pour que la transmission du droit d'attaquer l'aliénation soit possible, il faut supposer que la femme avait stipulé la restitution de sa dot, ou qu'à défaut de stipulation, elle a survécu à la dissolution du mariage et est morte après avoir mis en demeure le mari ou ses héritiers. Peut-être faut-il ajouter que l'aliénation du fonds dotal doit avoir eu lieu du vivant de la femme : a-t-elle eu lieu, en effet, après sa mort, on peut dire que le droit de la faire annuler n'étant pas né dans la personne de sa femme ne passera pas à ses héritiers.

SECTION II

DE LA DÉFENSE D'HYPOTHÉQUER LE FONDS DOTAL

De même que le mari ne peut aliéner l'immeuble dotal sans le consentement de la femme, de même il ne peut l'hypothéquer quand bien même elle y consentirait. S'il fallait en croire les Institutes, liv. II, tit. 8, pr. et la loi 4, Dig., *De fundo dot.*, la loi Julia aurait édicté en même temps ces deux prohibitions; mais si telle est bien la doctrine en vigueur sous Justinien, à l'époque où furent rédigés les Instilutes et le Digeste, il est fort douteux que tel ait été le texte primitif de la loi Julia.

Nous possédons, en effet, les deux textes de Gaius et de Paul qui présentent tous les deux la loi Julia comme ayant seulement défendu au mari d'aliéner le fonds dotal *invita muliere* (Gaius, II, § 63 ; Paul, *Sent.*, liv. II, tit. 21, *B.* § 52). Or ces deux textes ne sont pas suspects d'interpolation. Justinien rapporte bien aux Institutes le premier de ces textes ; mais il l'a beaucoup altéré. Tout d'abord, en effet, il dit expressément que la loi Julia ne s'appliquait qu'aux immeubles dotaux situés en Italie, tandis qu'il est certain qu'à l'époque de Gaius on discutait sur le point de savoir s'il fallait appliquer la loi Julia aux fonds provinciaux. D'où il est permis de conclure que Justinien s'étant trompé sur un point a bien pu également se tromper sur un autre. Au surplus, le texte de Paul semble bien probant : dans ce titre, il s'occupe de la dot en général ; or, il est bien difficile de supposer que si la loi Julia eut réellement contenu une aussi importante disposition, il n'en eut pas parlé.

Quant à la loi 4, *De fundo dot.* qui prétend que la loi Julia s'est préoccupée du fonds dotal pour défendre au mari aussi bien de l'hypothéquer que de l'aliéner, et vise aussi bien l'*obligatio prædii dotalis* que *l'alienatio*, en les mettant sur la même ligne, voici l'explication qui en a été donnée : il est probable que le texte primitif de Gaius a été altéré par les rédacteurs du Digeste, et qu'il devait porter ces mots : « ne id marito liceat alienare invita muliere » et que les mots *invita muliere* ont été remplacés par *aut obligare* pour mettre ce texte d'accord avec la loi unique au Code, § 15, *De rei uxor. act.*, liv. V, tit. 13, qui met sur la même ligne l'aliénation et l'hypothèque (Demangeat, *De fundo dotali*, p. 209 et s.; Accarias, *Précis de droit romain*, t. I, p. 740 et s.).

D'un autre côté, il est à peu près certain que l'hypothèque n'était pas encore connue en Italie à l'époque où fut rendue la loi Julia. Bien qu'il soit fort difficile de préciser la date de l'introduction en Italie de cette institution que Cicéron (*Epist. ad Att.*, XIII, 56) nous signale comme pratiquée en Grèce de son temps, elle paraît avoir commencé à y être pratiquée au second siècle de notre ère. Il n'est même pas bien démontré que le *pignus* proprement dit, c'est-à-dire le contrat par lequel la chose affectée à la sûreté du créancier lui est livrée en vue de le rendre possesseur, mais non propriétaire, sans qu'il puisse s'en servir ni la vendre, soit pratiqué.

Quoi qu'il en soit, il est certain qu'à l'époque de Justinien il était depuis longtemps admis que le mari pouvait aliéner le fonds dotal avec le consentement de la femme, mais non l'hypothéquer. Rationnellement cette distinction se comprend : elle repose sur cette remarque bien juste que la femme consentirait plus facilement à hypothéquer son fonds qu'à l'aliéner; tandis que l'aliénation entraîne un dépouillement actuel de la chose, l'hypothèque, au contraire, la laisse momentanément aux mains du débiteur qui conserve toujours l'espoir de se libérer.

Si l'incapacité pour le mari d'hypothéquer le fonds dotal même avec le consentement de la femme, ne résulte pas de la loi Julia, il faut maintenant rechercher quelle peut être son origine. Il semble certain que cette incapacité se rattachait soit aux édits par lesquels Auguste et Claude prohibèrent d'une manière expresse les intercessions des femmes mariées pour leur mari, soit au sénatus-consulte Velléien rendu sous Claude qui, d'une manière générale, défendait aux femmes de s'obliger, d'intercéder pour autrui, sans distinguer entre celles qui étaient mariées et celles qui ne l'étaient pas (Accarias, *loc.cit.* p. 741 ; Demangeat, *id.*, p. 215 et s.). Conçu dans l'idée qui avait inspiré la maxime « reipublicæ interest mulieres dotes salvas habere, » il était destiné à protéger la fortune de la femme contre les dangers qui pouvaient résulter d'une intercession (L. 1, pr. L. 2, pr. Dig., liv. XVI, tit. 1). La jurisprudence dégagea de ces prohibitions l'interdiction absolue d'hypothéquer le fonds dotal. Voici comment :

Si une femme mariée hypothèque son bien paraphernal pour garantir une dette qui a été contractée par le mari, il y a une intercession et par suite l'hypothèque sera nulle (L. 39, § 1 et L. 40, Dig., liv. VI, tit. 1). De même lorsque l'hypothèque commença à être usitée, on y vit avec raison une aliénation dans le sens de la loi Julia, et on dut défendre au mari de grever le fonds dotal. Mais pourquoi le consentement de la femme ne peut-il pas valider la constitution d'hypothèque sur le fonds dotal, faite par le mari? Cela tient à ce que, si cela avait été admis, la femme eût en réalité fait une intercession qui eût été aussi préjudiciable pour elle que si elle eût eu lieu sur un paraphernal. Si, en consentant une hypothèque sur un paraphernal, elle s'expose directement aux poursuites du créancier, en consentant à ce que son mari hypothèque le bien dotal, elle voit s'évanouir l'efficacité de son action en restitution de dot qui est une partie de sa fortune.

De ce que la prohibition d'hypothéquer le fonds dotal **même** avec le consentement de la femme résulte du sénatus-consulte Velléien et non de la loi Julia, résultent diverses conséquences. C'est ainsi qu'il faut décider que si l'hypothèque constituée par le mari avec le consentement de la femme a été consentie dans l'intérêt de celle-ci, elle sera parfaitement valable. De même il faut reconnaître la validité de l'hypothèque ainsi consentie, toutes les fois que le créancier au profit duquel elle a été constituée, était de bonne foi, c'est-à-dire ignorait que la femme intercédait et croyait qu'elle s'obligeait pour elle-même.

Le principe est, en effet, posé dans la loi 12, Dig., *Ad. s.-c. Vell.*, liv. XVI, tit. 1 : « Tunc locus est senatus consulto cum scit creditor eam intercedere, » et reproduit dans la loi 1, C., liv. IV, tit. 29 : « ... « Si id contrahentes non ignorent. » De même, si la femme commet un dol en consentant à la validité de l'hypothèque, le sénatus-consulte ne s'applique pas : « Deceptis non decipientibus opulatur, » dit Ulpien dans la loi 2, § 3, Dig., *Ad. s.-c. Vell.*

On pourrait multiplier les exemples, mais je me borne à poser le principe que l'hypothèque sera valablement consentie toutes les fois que le sénatus-consulte Velléien ne sera pas applicable, puisque c'est seulement l'*intercessio*, c'est-à-dire l'engagement dans l'intérêt d'un tiers qu'il s'agit d'atteindre. Inutile de dire que toutes ces conséquences seraient différentes si la prohibition dérivait de la loi Julia, et que la distinction entre le cas où la femme consent à l'hypothèque dans son intérêt, et celui où elle le fait dans l'intérêt d'un tiers, devrait être rejetée.

SECTION III.

DU PRIVILEGIUM INTER PERSONALES ACTIONES.

Quelque incontestable qu'ait été, pour la femme, l'utilité des deux réformes que je viens d'étudier, il n'en est pas moins vrai que, réduites à elles-mêmes, elles eussent été insuffisantes et souvent inefficaces. Elles protégeaient bien la femme contre les tiers acquéreurs ou les créanciers hypothécaires du mari, mais il fallait aussi la protéger contre les créanciers simple-

ment chirographaires. A la liquidation de la succession du mari, la femme se fut, en effet, présentée au
même titre que les autres créanciers pour exercer sa
créance en restitution des biens dotaux ; par suite, elle
eût été soumise à la loi du concours, et, en cas d'insolvabilité du mari, sa créance eût été à peu près illusoire. C'est pour parer à ce danger que fut créé un
privilège destiné à garantir sa créance, et à compléter
le système inauguré par la loi Julia. Nous n'avons pas
beaucoup de détails sur ce privilège accordé à la
femme. La loi 74, Dig., *De jure dotium*, ainsi que la
loi 12, § 1, C., liv. VIII, tit. 18, qui en font mention,
nous le représente comme un *privilegium inter personales actiones*. Or, en droit romain, à la différence
de ce qui existe dans notre droit, les privilèges n'im-
pliquaient aucun droit réel, ils permettaient seulement
au créancier, qui pouvait invoquer un privilège, de
primer les créanciers chirographaires du débiteur
commun. Le privilège n'affectait pas tel ou tel bien
déterminé du débiteur d'une façon spéciale et directe,
il portait sur l'ensemble de son patrimoine. Toutefois,
plusieurs interprètes du droit romain ont pensé que le
privilège accordé à la femme, tout en portant sur l'ensemble des biens du mari, affectait plus spécialement
et plus directement les biens dotaux ou les biens acquis
avec les deniers dotaux (Gide, *du Caractère de la dot*,
p. 49). En elle-même, cette opinion est sans doute
très raisonnable, peut-être est-elle la véritable expres-

sion du droit romain; mais il me semble fort difficile de se prononcer sur ce point, les quelques textes qui mentionnent ce privilège étant trop peu précis pour admettre cette solution.

Quoiqu'il en soit de l'énergie de ce privilège, sa combinaison avec la loi Julia assurait au moins à la femme, dont le mari a aliéné et dissipé les biens dotaux, l'efficacité de l'action en revendication des immeubles dotaux qu'elle exerçait sous forme utile contre les tiers.

D'une part, ce privilège était attaché à la créance, parce qu'il est de l'intérêt public que la femme recouvre sa dot et puisse se remarier; d'autre part, il était attaché à la personne, parce que la faiblesse et l'inexpérience des femmes méritent protection.

Ce double caractère explique très bien que la femme ne jouisse de ce privilège que pour se faire payer ses créances dotales et non les créances qu'elle pouvait avoir contre son mari, et d'un autre côté qu'il soit exclusivement personnel à la femme. D'où il résulte que les ayants cause de la femme ne pouvaient en aucun cas s'en prévaloir.

Enfin ce privilège semble avoir été d'ordre public, et par suite, la femme ne pouvait dans aucun cas renoncer à s'en prévaloir.

Telles étaient dans le droit classique les mesures de protection accordées à la femme, soit par la loi Julia, soit par l'existence du *privilegium inter personales actiones.* Grâce à sa revendication utile, la femme était protégée contre les aliénations des immeubles dotaux faites par le mari sans son consentement; grâce à son privilège elle était protégée contre les obligations qu'il aurait contractées. En un mot, si le droit classique ne lui a jamais reconnu un droit de propriété sur sa dot, du moins lui a-t-il accordé un droit de suite et un droit de préférence.

En dehors de ces garanties qui lui étaient accordées par la loi, la femme pouvait stipuler des garanties conventionnelles. Elle pouvait notamment stipuler la constitution d'un gage ou d'une hypothèque. La loi 7, pr. Dig., liv. XLIV, tit. 1, nous apprend même qu'elle pouvait demander l'engagement de fidéjusseurs, et elle décide que ceux-ci ne pourront pas opposer le bénéfice de compétence et seront tenus *in solidum*: « Sic mariti fidejussor post solutum matrimonium datus in solidum dotis nomine condemnatur. » Il est vrai que la loi 1, C., liv. V, tit. 20, décide qu'elle abolit la faculté pour la femme d'exiger un fidéjusseur de son mari.

Il me reste maintenant à exposer les réformes édic-tées par Justinien dans ses trois Constitutions des années 529, 530, et 531, qui accordèrent à la femme les garanties les plus sérieuses que les jurisconsultes aient pu imaginer. Mais auparavant il importe d'examiner la question de savoir si la femme pouvait renoncer aux garanties qu'elle avait dans le droit classique.

SECTION IV.

DE LA RENONCIATION CONSENTIE PAR LA FEMME AUX GARANTIES QUI
LUI SONT ACCORDÉES DANS LE DROIT CLASSIQUE.

La femme avait-elle le droit de renoncer aux diverses garanties qui lui étaient accordées dans le droit classique pour assurer la restitution de sa dot? Pour répondre à cette question, il y a lieu de distinguer. La garantie accordée à la femme est-elle d'ordre public ou est-elle simplement une garantie conventionnelle? Dans le premier cas, la femme ne pourra pas renoncer au bénéfice de sa garantie, car les conventions privées ne peuvent déroger aux dispositions d'ordre public (Paul, *Sent.*, liv. I, tit. 1, § 6). Dans le second, au contraire, elle peut valablement renoncer à une garantie qu'elle a elle-même librement stipulée.

C'est en vertu de ces principes qu'il faut décider que la femme n'a pas le droit de renoncer au cours du mariage au *privilegium inter personales actiones*, et qu'elle ne peut en faire bénéficier un autre créancier du mari. Il est vrai que la loi 29 (Dig. liv. XLVI, tit. 2), décide que le privilège sera perdu, si, après la dissolution du mariage, la femme fait une novation avec le mari ou avec un tiers, et, par suite que la femme peut en disposer librement après le mariage en faisant une novation : « perit privilegium dotis, si post divortium dos in stipulationem deducatur. »

La femme pourra, au contraire, même pendant le

mariage, renoncer aux sûretés conventionnelles, gages
ou hypothèques, qui garantissent sa dot, sans distinguer si elles ont été accordées par le mari ou par un
tiers.

Une objection se présente toutefois. Le sénatus-
consulte Velléien, dira-t-on, défend à la femme d'intercéder pour autrui ; or l'*intercessio* comprend toute
espèce d'*expromissio* ou d'*adpromissio*, et la renonciation de la femme à son hypothèque constitue un
acte d'*intercessio*. Mais cette objection n'est pas fondée, car la loi 8 pr. (Dig. ad s.-c. Vell.) décide formellement qu'il n'y a pas là d'*intercessio* : « quamvis
pignoris datio intercessionem faciat, famen Julianus
lib. XII, Digestorum scribit, redditionem pignoris, si
creditrix mulier rem, quam pignori acceperat, debi-
tori liberaverit, non esse intercessionem. » Cela ne doit
toutefois s'entendre que d'une renonciation purement
extinctive, et non du cas où la femme voudrait subroger
un créancier du mari à son hypothèque, ou se porter
garante vis-à-vis de l'acheteur de l'immeuble dotal et
le subroger à son hypothèque, car alors il y aurait
véritablement *intercessio*. Serait, au contraire, parfaitement valable la renonciation pure et simple de la
femme à son hypothèque grevant un immeuble du
mari que celui-ci vend à un tiers.

Il ne faudrait pas davantage objecter que cette
renonciation faite par la femme constitue une donation
prohibée entre époux. Ulpien, supposant que la femme

achète de son mari le bien que celui-ci avait affecté par hypothèque à la sûreté de sa dot, nous apprend qu'une Constitution impériale avait décidé que si la vente a été faite de bonne foi et sans fraude, on ne peut y voir une donation prohibée, et l'hypothèque s'éteindra par voie de confusion ; mais que s'il y avait fraude, c'est-à-dire une donation déguisée, la vente serait nulle, et l'hypothèque subsisterait (L. 7, § 6, Dig., liv. XXIV, tit. 1). Il est vrai que dans la loi 18, Dig., liv. XLII, tit. 8, Papinien, tout en confirmant cette solution, est moins affirmatif et il nous apprend qu'il y avait controverse sur ce point, bien qu'à son avis, un tel acte dût être valable. « Si pignus vir uxori vel uxor viro remiserit : verior sententia est nullam fieri donationem existimantium. »

La loi 11, C. liv. IV, tit. 29, dit expressément que même au cours du mariage, remise des gages et hypothèques peut être faite au mari : « Etiam constante matrimonio, jus hypothecarum, seu pignorum marito remitti posse, explorati juris est. »

Quoi qu'il en soit, ce point est absolument certain, et la Constitution d'Anastase, rendue en 508, et connue sous le nom de loi *Jubemus*, ne laisse subsister aucune controverse. « Jubemus licere mulieribus et pro uno contractu, vel certis contractibus, seu, pro una vel certis personis seu rebus, juri hypothecarum sibi competenti per consensum proprium renunciare » (L. 21, C., liv. IV, tit. 29). En renonçant à son hypothèque, la femme abdique un droit, perd une garantie; elle ne s'oblige pas, elle n'intercède pas.

Quant à la manière dont la femme peut faire cette renonciation, il n'est pas nécessaire qu'elle soit expresse; elle peut tout aussi bien n'être que tacite. Elle sera tacite toutes les fois que la femme consentira à ce que le mari vende, échange ou donne un immeuble sur lequel elle a une hypothèque (L. 4, Dig., liv. XX, tit. 6; L. 11, Dig., eod. tit.).

C'est l'application du principe contenu dans la loi 158, Dig., De reg. juris : « Creditor qui permittit rem venire, pignus demittit. » Mais la femme peut réserver expressément son hypothèque, « nisi salva causa pignoris sui consensit » dit la loi 4, § 1. Enfin, il faudrait décider que la femme est censée renoncer à son hypo-thèque, lorsqu'elle consent à ce que l'immeuble soit hypothéqué au profit d'un tiers (L. 12, pr., Dig., liv. XX, tit. 6).

Mais ici une difficulté se présente. Quel est l'effet de cette renonciation faite par la femme ? Dans ce dernier cas est-elle absolue ou relative ? J'ai déjà dit plus haut qu'elle était purement extinctive de l'hypothèque et par suite, qu'elle profitait à tous les créanciers hypothécaires à la fois, et je fonde cette décision sur la solution donnée par Paul dans la loi 12, pr., que je viens de citer : « Paulus respondit, Sempronium antiquiorem creditorem consentientem, cum debitor eamdem rem tertio creditori obligaret, jus suum pignoris remi-

sisse videri, non etiam tertium in locum ejus succes-
sisse : et ideo medii creditoris meliorem causam effec-
tam. » Mais on a objecté quelquefois la loi 12, § 4,
Dig., liv. XX, tit. 4, dans laquelle Marcien décide qu'il
y a là une question de fait, qui dépend de l'intention
du créancier renonçant à son hypothèque, et qui doit
être laissée à l'appréciation du juge, et on s'est fondé
sur ce texte pour soutenir que celui-là seul qui aura
traité avec la femme pourra, profiter de la renonciation en vertu de ce principe : « res inter alios acta aliis
nec prodest nec nocet (L. 73, Dig., *De reg. juris*). Je ne
crois pas cette objection fondée ; je pense, au contraire
que ces deux textes, loin de se contredire, doivent être
complétés l'un par l'autre, et que dans la loi 12, § 4,
Dig., liv. XX, tit. 4, Marcien envisage celui qui renonce
à l'hypothèque et celui en faveur de qui la renonciation a lieu ; il s'agirait non pas d'une renonciation
subrogative, mais simplement d'une renonciation au
rang. Il faut compléter la pensée de Marcien en ce sens
que les rapports des divers créanciers hypothécaires
ne seraient point modifiés, et que le créancier renonçant serait colloqué hypothécairement après le
dernier.

CHAPITRE III.

DES GARANTIES ACCORDÉES A LA FEMME POUR LUI ASSURER
LA CONSERVATION ET LA RESTITUTION DE SA DOT DANS
LE DROIT DE JUSTINIEN.

Justinien entreprit de faire cesser la contradiction
qui existait depuis longtemps déjà entre la législation
et les mœurs. Dans ce but, il accomplit diverses réformes qui portent principalement sur les deux points
suivants : l'une concerne l'objet, le montant, la condition de la restitution dotale, en un mot, le système
des actions en restitution ; l'autre donne à la femme de
nouvelles garanties pour obtenir la restitution de sa dot.
D'une part, il abroge l'ancienne action *rei uxoriæ* ou
plutôt il opère une fusion entre elle et l'action *ex stipulatu*, empruntant à chacune ses dispositions les plus
avantageuses pour la femme ; il permet à celle-ci de
cumuler avec sa créance en restitution de dot les gra-
tifications à cause de mort qu'elle peut avoir reçues de
son mari, et il fait disparaître l'ancienne théorie des
retentiones. D'autre part, il supprime le « privilegium
inter personales actiones » et le remplace par une
hypothèque générale sur tous les biens du mari qu'il
déclare même devoir primer tous ses créanciers même
antérieurs au mariage. Mais est-il allé jusqu'à la conception moderne du régime dotal, a-t-il abrogé l'ancienne maxime « dotis causa perpetua est » et a-t-il

5

reconnu à la femme un droit de propriété sur ses bien dotaux? C'est là une question que j'examinerai au cours de ce chapitre et à laquelle je réponds dès maintenant par la négative.

Ainsi que je l'ai déjà indiqué, les réformes de Justinien sont contenues dans trois Constitutions rendues à une année de distance : 1° La Constitution de 529 que forme la loi 30 au Code, *De jure dotium* (liv. V, tit. 12); 2° la Constitution de 530 qui forme la loi unique au Code, *De rei uxoriæ actione* (liv. V, tit. 13); 3° la Constitution de 531 qui forme la loi 12 au Code *Qui potiores in pignore* (liv. VIII, tit. 18).

Ce sont ces trois textes que je me propose maintenant d'étudier successivement, en suivant l'ordre même dans lequel ils ont été édictés.

SECTION PREMIÈRE.

CONSTITUTION DE L'ANNÉE 529, LOI 30 AU CODE DE JURE DOTIUM (LIVRE V, TITRE 12).

Peu de textes du droit romain ont donné lieu à autant de discussions que cette loi, qui avait pour but général de rendre plus efficace la protection accordée à la femme, les garanties qui résultaient de la loi Julia et du *privilegium inter personales actiones* étant insuffisantes dans un grand nombre de cas. Voici tout d'abord la traduction de ce texte :

« Relativement aux choses dotales, mobilières ou immobilières ou se mouvant d'elles-mêmes, si elles existent encore (*si exstant*), soit estimées, soit non estimées, nous ordonnons que la femme ait toute préférence (*omnem prærogativam*) lorsqu'elle les réclame après la dissolution du mariage, et qu'aucun des créanciers qui sont antérieurs (*qui anteriores sunt*) ne puisse réclamer par hypothèque sur ces objets un droit préférable, puisque dès le principe ces choses appartenaient à la femme, et que naturellement elles n'ont jamais cessé de lui appartenir (*cum eædem res et ab initio uxoris fuerint; et naturaliter in ejus permanserint dominio*). Si, en effet, par la subtilité du droit (*legum subtilitate*) elles semblent avoir passé dans le patrimoine du mari, la réalité n'a pas été pour cela altérée ni obscurcie (*non ideo rei veritas deleta vel confusa est.* C'est pourquoi nous voulons qu'elle ait une action *in rem* pour ces choses comme étant siennes, et qu'elle exerce une action hypothécaire préférable à tous (*volumus itaque eam in rem actionem in hujusmodi rebus quasi propriis habere, et hypothecariam omnibus anteriorem possidere*); de telle sorte que, soit que ces choses soient censées appartenir à la femme en vertu du droit naturel, soit que, suivant la subtilité du droit, elles soient passées dans le patrimoine du mari, par l'un ou l'autre moyen il soit pleinement pourvu à l'intérêt de la femme, soit par l'action *in rem*, soit par l'action hypothécaire. (*Per utramque viam, sive in rem, sive hypothecariam ei plenissime consulatur.*)

Certains interprètes, Doneau notamment (*De jur.*, *civ.*, lib. XIX, C. IV, § 10) ont pensé que la concession d'une action *in rem* pour les *res dotales* contenait la reconnaissance du droit de propriété de la femme sur les choses apportées en dot qui n'ont pas été estimées. Le droit de propriété du mari serait dès lors, restreint aux choses fongibles ou apportées en dot avec estimation; sur les autres il n'aurait qu'un droit d'usufruit (Labbé, Ortolan, Appendice IX).

Je ne pense pas que ce système doive être suivi. Que telle ait été la pensée de Justinien, cela est possible, quoique assez peu probable; mais il est certain qu'il ne l'a pas exprimée d'une manière suffisamment précise pour qu'on puisse voir dans ce texte une innovation aussi radicale sur l'ancien état de choses. C'est en vain qu'on voudrait s'attacher à ces expressions de la loi : « Cum eædem res et ab initio uxoris fuerint et naturaliter in ejus permanserint dominio. » Ce serait méconnaître les textes les plus précis et les plus formels tant du Code que du Digeste ou des Institutes. Le *principium* du titre 8, du second livre des Institutes, dit en effet, formellement, que le mari ne peut aliéner le fonds dotal, *quamvis ipsius sit*. Or, les Institutes ont été promulguées en 533. De plus, la loi 23 au Code *De jure dotium* s'exprime ainsi : « Si prædium uxor tua dotale venundedit : sponte necne contractum ratum habuerit, nihil interest : cum rei tibi quæsitæ dominium auferre nolenti minime potuerit. » Dans le texte qui nous occupe Justinien dit bien qu'au fond des choses *rei ve-ritate*, d'après le droit naturel, la femme a gardé la propriété des biens qu'elle a apportés en dot ; mais il n'innove pas, il respecte toujours l'ancien principe du droit civil qui déclare le mari propriétaire de la dot, tout en l'accusant de subtilité sur ce point. Même en accordant à la femme l'action en revendication, il prend soin de dire qu'il la lui accorde « in hujusmodi rebus quasi propriis, » reconnaissant toujours qu'elle n'est pas propriétaire (Gide, *Du caractère de la dot*, p. 55, et s.).

Dans un autre système soutenu avec beaucoup de talent par M. Gide, non seulement on ne reconnaît pas à la femme un droit de propriété sur sa dot, mais encore on prétend que dans sa Constitution de 529, Justinien ne lui a accordé, ni une action hypothécaire, ni une action en revendication. Dans ce système, il s'agirait seulement d'une faveur, d'une *præɾogativa* qui permettrait à l'action personnelle privilégiée de la femme créancière de sa dot, de primer tous les créanciers chirographaires ou hypothécaires du mari, mais qui ne pourrait s'exercer contre les tiers détenteurs. En un mot, Justinien aurait accordé à la femme une simple priorité de rang, un droit de préférence, mais non un droit d'hypothèque, ni un droit de propriété. La femme ne pourra exercer son privilège que si *res exstant*, c'est-à-dire, si les choses se trouvent encore dans le patrimoine du mari, si elles n'ont pas été alié-

c

nées. Les mots *res exstantes*, sont opposés aux mots
» res dissipatæ, vel alienatæ, vel consumptæ » (L. 12,
§ 1, C., liv. VIII, tit. 18; L. 6, § 3, C., liv. V, tit. 9).

Quant à la seconde partie de la loi qui commence
aux mots *cum eædem res*, elle ne contient aucune innovation. Elle n'est pas faite pour ajouter quelque chose à
la première; elle n'a qu'un but, l'expliquer, la moti-
ver. Suivant le procédé qui lui est familier, Justinien a
recours à une fiction pour expliquer son innovation. Il
s'efforce d'expliquer comment il peut se faire que la
femme, qui n'a qu'un simple privilège, puisse l'empor-
ter sur les créanciers hypothécaires, puisqu'elle n'a ni
hypothèque, ni aucun droit réel. C'est pour cela qu'il
dit que « si l'on se place au point de vue légal et qu'on
raisonne subtilement, il faut dire que le mari est seul
propriétaire de la dot, mais que si l'on regarde à la réalité des choses, l'on reconnaîtra que la dot, établie
dans l'intérêt de la femme, n'a jamais cessé de lui appartenir. » Par suite on peut considérer que les choses
dotales « naturaliter in ejus permanserint dominio » et
lui permettre « in rem actionem in hujusmodi rebus
quasi propriis habere. Il y a là une fiction. Or, peu importe qu'on ait recours à la fiction que la femme a conservé la propriété de ses biens dotaux ou à la fiction
qu'elle a sur eux une hypothèque antérieure à toutes
les autres, le résultat est le même ; ce que l'empereur veut, c'est procurer à la femme une sécurité com-

plète par l'une ou par l'autre voie (Gide, *loc. cit.*,
p. 53 et s.).

Ce ne serait que l'année suivante dans la Constitution
de 530 que Justinien a créé une hypothèque au profit de
la femme ; or, cette Constitution présente expressément
l'hypothèque donnée à la femme comme une innovation.

Sans doute ce système présenterait le grand avantage de lever bien des difficultés et d'éclaircir bien des
points obscurs ; mais si j'adopte la manière de voir
de M. Gide lorsqu'il soutient que jamais, en droit
romain, la femme n'a été reconnue propriétaire de sa
dot, je ne puis adopter l'opinion de mon savant et re-
gretté professeur sur le second point de son système.

Tout d'abord, en effet, il conduit à un résultat auquel il est difficile de souscrire : lorsque le bien est
resté entre les mains du mari, la femme conserve tous
ses droits de préférence vis-à-vis des créanciers auxquels le mari aurait consenti une hypothèque sur les
biens dotaux ; lorsqu'il a été aliéné, au contraire, elle
ne peut plus exercer son privilège. Ce résultat va complétement à l'encontre d'un principe de droit bien certain, savoir que celui qui est capable d'aliéner est capable d'hypothéquer, si aucun texte ne le lui défend.
Or, nous n'avons pas d'autres textes que les mots *si
exstant*, dont le système que je combats dénature le
sens naturel qui est si les objets existent encore *in natura rerum* (L. 50, Dig., *Sol. matr.*).

De plus, il me semble impossible d'admettre que la phrase « volumus itaque in eam rem actionem in hujusmodi rebus quasi propriis habere et hypothecariam omnibus anteriorem possidere » soit une phrase simplement interprétative. Elle est conçue en termes trop formels et trop impératifs pour cela. La distinction que fait M. Gide entre les deux parties de la loi, dont la première serait le dispositif tandis que la seconde ne serait qu'un simple exposé de motifs, me paraît également arbitraire. Enfin, on est obligé, dans ce système, de faire abstraction complète de toute la fin de la loi.

Reste un troisième système qui est le plus généralement suivi et auquel, pour ma part, je me range complétement. La Constitution de 529 a accordé à la femme comme garantie de sa dot, d'une part, une hypothèque privilégiée sur toutes les choses qui ont été apportées en dot au mari, une action hypothécaire, et de l'autre, dans certains cas, c'est-à-dire si les choses dotales n'ont pas été valablement aliénées par le mari, une action en revendication qu'elle pourra exercer si elle le préfère (Demangeat, *De fund. dot.*, p. 88 et suiv.).

La création de cette hypothèque, destinée à remplacer le « privilegium inter personales actiones, » est la principale disposition de ce texte. Elle affecte tous les biens qui sont apportés au mari *dotis nomine*, et sur eux la femme passera avant les créanciers hypothécaires autres que ceux qui avaient déjà une hypothèque sur ce bien au moment où il a été apporté en dot.

Cette hypothèque atteint toutes les choses qui ont été acquises par le mari *dotis causa*, aussi bien les meubles que les immeubles, les choses estimées que celles qui ne le sont pas, bien que pour les choses apportées en dot avec estimation, ce soit moins la chose elle-même qui soit dotale que le montant de l'estimation. Notre texte dit formellement, en effet, qu'il n'y a pas lieu de distinguer. Elle atteint même la chose achetée par le mari *ex pecunia dotali* : « Res quæ ex dotali pecunia comparatæ sunt dotales esse videntur » (Pellat, *Textes sur la dot*, p. 247). Mais il faut que ces choses existent encore, *si tamen exstant*. Que faut-il entendre par ces mots? Ils doivent être pris dans leur sens naturel, c'est-à-dire sont encore *in natura rerum* ; peu importe qu'elles soient ou non sorties du patrimoine du mari ; peu importe qu'elles aient été aliénées ou non. Il est, en effet, difficile d'admettre que Justinien ait voulu refuser à la femme le droit de suite. L'objet aliéné ne passe aux tiers que *solvo jure mulieris*, c'est-à-dire que l'hypothèque de la femme n'en peut subir aucune atteinte, à moins que celle-ci n'ait renoncé à s'en prévaloir en faveur du tiers acquéreur.

En second lieu, la Constitution de 529 accorde à la femme subsidiairement une action en revendication pour se faire restituer sa dot : « Volumus itaque eam in rem actionem in hujusmodi rebus quasi propriis habere. » Quelle est la portée de cette action en reven-

dication? Relativement à quelles choses pourra-t-elle
s'exercer? Il faut faire des distinctions, suivant qu'il
s'agit de meubles ou d'immeubles, de choses apportées en dot avec estimation ou sans estimation.

S'agit-il de meubles, s'ils se trouvent en nature dans
le patrimoine du mari, la femme aura le droit de les
revendiquer, et cette action sera plus avantageuse que
l'action hypothécaire, en ce sens que se présentant
comme propriétaire, elle pourra recouvrer ses meubles *in specie*; si, au contraire, ils ont été aliénés par
le mari même sans le consentement de la femme,
celle-ci ne pourra agir contre le tiers acquéreur que
par l'action hypothécaire, et celui-ci échappera à l'é-
viction en payant la valeur du bien, et non par l'action
en revendication, puisque cette aliénation est valable.
Dans le système de M. Gide, au contraire, la femme
doit respecter d'une façon absolue l'aliénation de ses
meubles, et elle n'a aucune action contre les tiers acquéreurs; le seul avantage qu'elle aurait, c'est de n'a-
voir rien à craindre pour l'exercice de son privilège
d'une hypothèque consentie par le mari sur ses meubles dotaux.

Quant au fonds dotal, s'il a été aliéné pour une cause
nécessaire, ou bien si la femme a consenti à son aliénation, tout au moins jusqu'à la Constitution de 530, la
femme ne pourra agir contre le tiers acquéreur qui
sera à l'abri de toute revendication de sa part.

Enfin, quant aux choses dotales apportées en dot

avec estimation, qu'elles soient mobilières ou immobilières, le mari auquel elles ont été en quelque sorte vendues a pu les aliéner sans le consentement de sa femme, et le tiers acquéreur n'a rien à craindre : une action en revendication ne pourra pas être exercée contre lui. Elle ne pourrait même pas l'être contre le mari, lorsque les choses estimées se retrouvent en nature dans son patrimoine à la dissolution du mariage, car l'estimation vaut vente, et le droit de la femme a pour objet non plus la chose elle-même, mais le montant de l'aliénation.

Il n'est donc pas vrai de dire, comme l'a fait Justinien, que l'action hypothécaire a la même énergie que l'action en revendication. Dans les cas, en effet, où la femme n'a que l'action hypothécaire, elle pourra être désarmée par le *jus offerendæ pecuniæ*, par un jugement. Par suite, elle sera exposée à se voir offrir le montant de sa dot par le tiers détenteur qui gardera les biens dotaux en nature, résultat auquel la femme échappe par l'action en revendication.

SECTION II

CONSTITUTION DE L'ANNÉE 530. — LOI UNIQUE AU CODE
« DE REI UXORIÆ ACTIONE. » (LIVRE V, TITRE 13.)

La Constitution de 530 qui forme la loi unique au Code *De rei uxoriæ actione,* livre V, titre 13, a un triple objet : 1° elle modifie complètement l'ancien système des actions en restitution de dot ; 2° elle accorde à la femme une hypothèque générale et tacite sur les biens du mari ; 3° elle rend le fonds dotal absolument inaliénable en décidant que l'aliénation ne sera plus possible, même avec le consentement de la femme. Ce sont ces trois innovations que j'ai maintenant à examiner :

1° La Constitution de 530 crée une nouvelle action en restitution de dot. — Dans le droit classique romain, avons-nous vu, il y avait deux actions distinctes : d'une part, l'action *rei uxoriæ* et de l'autre, l'action *ex stipulatu*. Chacune d'elle présentait des avantages spéciaux : la première était une action de bonne foi, était personnelle à la femme et accordait au mari une protection plus efficace de ses intérêts ; la seconde était une action de droit strict, transmissible, exempte de toutes restrictions et retenues. Partant de l'idée que, dans le droit naturel, la dot est à la femme et que ce principe est celui qui répond le mieux aux intentions des parties comme aux intérêts de la société, Justinien opéra une fusion de ces deux actions. Il prit dans chacune d'elles ce qui était le plus avantageux pour les intérêts de la femme et sous-entendit une stipulation dans chaque constitution de dot. En cela il fit moins une innovation qu'une consécration de l'état habituel des choses à cette époque.

Tout d'abord il déclare, dans le *principium* de la loi qu'il supprime l'action *rei uxoriæ* et que désormais toutes les dots, sans distinction, pourront être réclamées par l'action *ex stipulatu;* mais il décide que tous les avantages que pourrait présenter l'action *rei uxoriæ* seront compris dans la nouvelle action *de dote*, « ut sit et nova ista ex stipulatu, quam composuimus, et non propria tantum, sed etiam veteris actionis pulchritudine decorata. » Ainsi, l'action nouvelle est une combinaison des avantages que présentaient les deux anciennes actions.

De là découlent les conséquences suivantes :

1° L'action nouvelle sera transmissible aux héritiers de la femme, (§ 4) ; la dot leur sera restituée à la dissolution du mariage, comme elle l'aurait été à la femme elle-même, si elle eût survécu.

2° L'ancien édit *de alterutro* ne sera plus applicable, de telle sorte que si la femme a reçu un avantage de son mari, elle pourra le cumuler avec le bénéfice de l'action dotale, à moins que le mari ait formellement exprimé une volonté contraire, (§ 3.) La femme, en effet, recouvre la dot comme son bien et n'est pas inhabile à profiter des libéralités que lui fait son mari, puisque ce qu'elle demande c'est la restitution de sa dot.

3° L'ancien droit des *retentiones* données au mari disparaît. Justinien nous dit, d'ailleurs, qu'elles étaient devenues inutiles et qu'elles n'étaient plus qu'un mot, ce qui est une preuve de plus que l'emploi de la stipulation était devenu d'un usage constant. Toutefois, il pouvait arriver que le mari ait fait des dépenses sur les biens dotaux ; dans ce cas, il avait à son service, pour se faire indemniser des actions *mandati* et *negotiorum gestorum*. (§ 5). Si le mari a des causes de créance contre sa femme, il y aura lieu à compensation dans les termes du droit commun, et le juge sera toujours maître de l'écarter si elle retardait trop la restitution due à la femme.

Ces trois caractères de l'action nouvelle sont tous les trois empruntés à l'ancienne action *ex stipulatu*.

4° L'action *de dote*, comme l'ancienne action *rei uxoriæ* est exercée par la femme seule, ou tout au moins son concours est nécessaire, (§ 11.)

5° Les anciens délais accordés au mari, lorsque la femme agissait par l'action *rei uxoriæ*, sont remplacés par des délais nouveaux : l'ancienne distinction entre les corps certains et les quantités disparaît ; désormais il faut distinguer entre les meubles et les immeubles. Les immeubles seront restitués immédiatement, tandis que le mari jouira d'un délai d'un an pour restituer les meubles, (§ 7).

Cette innovation est assez inexplicable : Si la distinction faite par le droit classique se comprenait très bien, on ne voit pas pourquoi il y a lieu de distinguer, suivant qu'il s'agit de meubles ou d'immeubles.

J'ajoute que le mari jouira toujours du bénéfice de compétence (§ 7).

Tels sont les caractères de la nouvelle action créée

par la Constitution de 530 : mieux que les anciennes, elle assure à la femme ou à ses héritiers la restitution de la dot ; mais elle est une preuve manifeste que Justinien n'a pas modifié l'ancienne théorie, dans laquelle la dot était la propriété du mari, puisqu'il n'accorde à la femme qu'une action personnelle contre le mari ou ses héritiers.

2° La Constitution de 530 a établi, au profit de la femme, une hypothèque tacite sur les biens du mari, pour augmenter la sûreté de sa créance et lui assurer la restitution de sa dot. Cette hypothèque affectera chaque bien entrant dans le patrimoine du mari, de telle façon, qu'elle le suivra aux mains des tiers.

La Constitution de 529 avait déjà accordé à la femme une hypothèque sur les biens dotaux, la Constitution de 530 l'étend à tous les biens du mari : ce qui aura de l'utilité lorsque les biens dotaux auront péri par la faute du mari durant le mariage, ou auront diminué de valeur par suite de sa mauvaise administration.

3° Enfin, la Constitution de 530 a augmenté la garantie, résultant, pour la femme, de la loi Julia. Celle-ci défendait seulement au mari d'aliéner le fonds dotal sans le consentement de la femme ; Justinien décide, au contraire, que, même avec le consentement de la femme, le fonds dotal ne pourra pas être aliéné, assimilant ainsi la défense de l'aliéner à la défense de l'hypothéquer. Il déclare, en outre, que cette prohibition sera applicable à tous les immeubles, sans distinguer entre les fonds italiques et les fonds provinciaux.

En défendant ainsi à la femme de consentir à l'aliénation de l'immeuble dotal, Justinien modifia considérablement les caractères du régime dotal. Jusque là, le but général des garanties données à la femme, était de la protéger contre les pouvoirs excessifs du mari; désormais, le législateur la protège contre elle-même, contre sa faiblesse et son inexpérience : « Ne fragilitate sua in repentinam deducatur inopiam (§ 15). »

La conception moderne du régime dotal se dégage de plus en plus.

SECTION III.

CONSTITUTION DE L'ANNÉE 531 ; LOI 12 AU CODE « QUI POTIORES IN PIGNORE HABEANTUR, » LIVRE VIII, TITRE 18. NOVELLE, 61.

La Constitution de 531, qui est connue sous le nom de loi *Assiduis*, va encore plus loin que les deux précédentes dans le système de protection que Justinien a accordé à la femme. Dépassant, cette fois, toute mesure, cet empereur déclare que la femme aura une hypothèque privilégiée sur l'ensemble des biens du mari, et, qu'ainsi, elle passera sur les biens du mari avant tous autres créanciers, même avant ceux qui avaient déjà hypothèque au moment du mariage. Il n'est même pas besoin de faire ressortir tout ce qu'avait d'injuste une semblable disposition, qui semble avoir été rendue sous l'empire de certaines intrigues de palais, et que la jurisprudence des pays de droit écrit a repoussée avec raison.

Au § 29 du titre 6, livre IV, les Institutes nous apprennent que l'hypothèque n'est ainsi privilégiée qu'autant que la femme elle-même réclame sa dot ; il faut, toutefois, ajouter les enfants d'un premier lit, en cas de nouveau mariage de leur père, lesquels priment même leur belle-mère (L. 12, § 1, *in fine*).

Enfin, le § 2 nous apprend que la femme ne peut invoquer le bénéfice de cette loi, qu'autant qu'il s'agit de sa dot, et qu'elle ne l'a pas pour une donation *ante nuptias*, par exemple, car cette loi a été rendue, non pour que la femme réclame un gain, mais pour qu'elle évite un préjudice, et qu'elle ne soit pas privée de ce qui lui appartient : « Non enim pro lucro fovemus mulieres, sed ne damnum patiantur, suisque rebus defraudentur, curamus. »

Il est inutile de s'arrêter plus longtemps sur ce texte et j'aborde la question de savoir si la femme peut renoncer aux garanties qui lui sont accordées dans cette dernière période du droit romain. Il faut toujours distinguer entre les dispositions d'intérêt privé, et celles qui sont d'ordre public. Quant à l'hypothèque tacite de la femme sur les biens du mari, qui lui a été accordée en 530, elle n'est point une disposition d'ordre public, puisque Justinien ne fait que sous-entendre une stipulation d'hypothèque, dès lors rien ne s'oppose à ce que la femme puisse y renoncer. Quant à son hypothèque privilégiée sur les biens dotaux qui lui a été accordée en 529, Justinien dit formellement qu'elle ne pourra y

6

renoncer en tant qu'elle porte sur les immeubles dotaux. Elle pourra, au contraire, renoncer à son hypothèque sur les meubles dotaux ou sur les immeubles dotaux livrés au mari avec estimation et devenus à ce titre biens du mari (L. 1, C. *ad. s.c. Vell.*, liv. IV, tit. 29).

Pour être complet, je dois en terminant citer la Novelle 61. La loi 22 au Code *ad. s.c. Vell.* décidait que **si** une femme, après avoir fait un acte d'*intercessio*, l'a confirmé au bout de deux ans, elle ne pourra plus le faire annuler en invoquant le sénatus-consulte Velléien. Cette constitution devait être applicable aux hypothèques constituées sur le fonds dotal, *volente uxore*, **si** l'on admet que la prohibition d'hypothéquer le fonds dotal dérivait du sénatus-consulte Velléien. Cette loi a donc modifié en un certain sens la prohibition d'hypothéquer, du moins en tant qu'*intercessio*. C'est ce que nous montre la Novelle 61 qui admet la validité de cette hypothèque si les conditions exigées pour valider une *intercessio* sont réunies, et, si de plus, le mari se trouve assez riche pour pouvoir complètement désintéresser la femme, de telle sorte que celle-ci ne souffre pas de l'hypothèque à laquelle elle a consenti sur les biens dotaux.

DROIT FRANÇAIS

DE L'INFLUENCE DES CONVENTIONS MATRIMONIALES

SUR

LA CAPACITÉ DE LA FEMME MARIEE

INTRODUCTION

Dans l'état actuel du droit français, la femme ma-
jeure, restée fille ou devenue veuve, a la jouissance et
l'exercice de ses droits civils : les droits politiques et
ceux qui sont considérés comme une dépendance de
ces droits politiques lui sont seuls refusés. La femme
mariée, au contraire, est frappée d'une incapacité juridique. Elle est placée parmi les incapables par le
Code civil (art. 1124). Cette différence est une innovation du droit moderne ; elle n'existait dans aucune des
deux législations d'où émanent nos Codes, le droit romain et les coutumes barbares. A Rome, le mariage
ne créait par lui-même aucune incapacité, et n'entraînait aucune modification essentielle dans la condition

de la femme : les lois qui la frappaient d'incapacité atteignaient aussi bien la fille ou la veuve.

Chez les Germains, le mari avait sur sa femme un pouvoir de garde ou de tutelle qui n'était qu'une variété du *mundium*, puissance qui pesait sur la femme depuis sa naissance jusqu'à sa mort. Toutefois, ce principe s'est progressivement modifié : peu à peu apparaît la nécessité de l'autorisation maritale qui, avant 1789, était universellement reçue dans les pays de droit coutumier.

Placés en présence de deux législations différentes, les rédacteurs du Code ont cédé à leur double influence. Aussi est-il très difficile de déterminer leur véritable pensée. Les art. 215 et 217 établissent l'incapacité de la femme mariée. En principe, cette incapacité est indépendante des régimes matrimoniaux sous lesquels les époux peuvent se trouver placés, soit en vertu de leur contrat de mariage, soit pour n'avoir pas fait de contrat ; seulement, le régime matrimonial détermine ceux des droits que la femme conserve. Entre les restrictions résultant de la théorie générale de l'incapacité de la femme mariée et celles résultant du régime matrimonial, les points de contact sont incessants : tantôt le régime augmente l'incapacité de la femme, tantôt il la restreint, tantôt il modifie les effets de l'autorisation. Mariée sous le régime de la séparation de biens, la femme a la faculté d'exercer seule quelques-uns de ses droits : elle a la libre administration de ses biens (art. 1449). Mariée sous le régime dotal, au contraire, elle se constitue incapable d'aliéner ses biens dotaux, sans qu'aucune autorisation puisse lever cette incapacité (art. 1554). L'effet habituel de l'autorisation est simplement d'habiliter la femme à faire certains actes : sous le régime de communauté, son effet est tout spécial : en autorisant sa femme, le mari assume la responsabilité de ses actes, l'autorisation qu'il donne engage sa responsabilité (art. 1419).

Je me propose dans cette étude de rechercher sur quels points et dans quelle mesure la liberté des conventions permet de déroger au droit commun établi par les art. 215 et 217, en considérant dans les différents régimes établis par le Code, surtout dans le régime de la séparation de biens, les droits conservés par la femme et le règlement de sa capacité pour l'exercice de ces droits. Je m'attacherai spécialement au régime dotal pour rechercher ce qu'il présente d'exceptionnel dans la situation de la femme, examinant si le vice qui s'oppose à l'efficacité de l'engagement d'une femme dont les biens sont dotaux, a son siège dans *la personne même de la femme*, ou dans la *nature et la destination des biens* donnés en dot, s'il y a *incapacité du débiteur* ou seulement *inaliénabilité du patrimoine*. Je rechercherai enfin s'il ne serait pas possible de stipuler, en dehors du régime dotal, soit l'inaliénabilité de certains biens, soit même une incapacité véritable de faire certains actes déterminés.

Mais auparavant, il convient de rechercher les origines historiques de l'incapacité de la femme mariée et les motifs sur lesquels elle se fonde, et d'exposer, en quelques traits rapides, la condition civile de la femme mariée, résultant du fait seul du mariage.

CHAPITRE PREMIER

ORIGINE HISTORIQUE DE L'INCAPACITÉ DE LA FEMME MARIÉE. MOTIFS SUR LESQUELS ELLE SE FONDE

SECTION PREMIÈRE

ORIGINE HISTORIQUE DE L'INCAPACITÉ DE LA FEMME MARIÉE

J'indiquerai seulement à quelles sources les rédacteurs du Code ont puisé les règles qu'ils ont tracées sur l'incapacité de la femme mariée, me contentant d'examiner les motifs sur lesquels reposait, dans l'ancien droit, la nécessité de l'autorisation maritale, en quoi elle consistait, sans rechercher, pour le moment, si cette incapacité est philosophiquement nécessaire, si elle repose sur le droit naturel lui-même.

Dans les pays de droit écrit, les biens que la femme affectait aux charges du mariage, la dot, passaient aux mains du mari. Quant aux biens extra-dotaux, au contraire, la femme en conservait la libre administration, comme si elle n'était pas mariée. Le mari n'a rien à voir dans les paraphernaux, lorsque la femme ne le trouve pas bon, *nullo modo, muliere prohibente, virum in paraphernis se volumus immiscere*, disent les empereurs Théodose et Valentinien dans la loi 8 au Code de Justinien, *De pactis conventis tam super dote* (liv. V, tit. 14). L'idée de l'incapacité de la femme mariée était inconnue dans les pays de droit écrit, et l'épouse n'était soumise, dans l'administration de sa fortune, à aucune autorité maritale.

Dans les pays coutumiers, au contraire, et dans les pays de droit écrit ressortissant du Parlement de Paris, tels que le Lyonnais, le Mâconnais, le Forez, le Beaujolais, l'Auvergne, etc., la nécessité de l'autorisation maritale était universellement reconnue. Mais sur ce point comme sur tant d'autres, la plus grande variété régnait dans les Coutumes, et, dit Merlin (Rép., *Autorisation maritale*, sect. II), il y a peu de matières sur lesquelles les opinions soient aussi partagées que sur la question de savoir quels sont les motifs et l'objet de l'autorisation maritale.

D'anciens auteurs, trop habitués à rechercher dans le droit romain, le motif d'institutions inconnues aux Romains, prétendaient que la prohibition faite aux femmes par les Coutumes de ne passer aucun acte sans l'autorisation du mari a pour seul motif l'intérêt du sexe. Ils se fondaient sur les divers textes du Digeste qui parlent de « l'imprudence, de la fragilité, de l'imbécillité de la femme. » Mais cette manière de voir est absolument inadmissible : d'une part, en effet, il est faux de considérer la femme comme un être inférieur, incapable de gérer ses affaires, et de l'autre, si les coutumes avaient voulu remédier à l'imprudence et à la fragilité des femmes, elles n'auraient pas limité ce secours au temps où elles sont mariées.

D'autres auteurs faisaient, au contraire, reposer la nécessité de l'autorisation maritale sur l'intérêt du mari. A leurs yeux, elle n'était qu'une conséquence nécessaire de la puissance maritale. « C'est l'intérêt du mari, dit d'Aguesseau, qui a fait établir la nécessité de l'autorisation ; c'est un principe dont tous nos docteurs conviennent. » L'autorisation du mari n'est pas requise pour l'intérêt de la femme, ni en sa faveur, mais parce que la dépendance en laquelle elle est de son mari, la rend inhabile à tout, si elle n'est autorisée » (Pothier, *Introduction au titre X de la Coutume d'Orléans*). Telle était encore l'opinion de Coquille (quest. 100),de d'Argentré, *sur l'ancienne coutume de Bretagne* (art. 223, glose 4, n° 2), de Ricard (*Des donations part.*, I, n° 359), Merlin (*loc. cit.*).

D'autres auteurs, réunissant les deux premières opinions, soutenaient que la formalité de l'autorisation a été introduite, tant pour l'utilité de la femme que pour celle du mari. Ils invoquaient le texte même de plusieurs Coutumes, tel que celui de l'art. 223 de la Coutume de Paris qui portait que le contrat fait par une femme mariée non autorisée serait nul *tant pour le re gard d'elle que de son mari.* Lebrun disait que cette coutume s'est également fondée sur ces deux raisons : d'une part, la faiblesse du sexe...,et de l'autre, la prérogative du sexe masculin » (*De la communauté,*liv. II, chap. Ier, sect. I, n° 1).

Enfin d'autres auteurs « fondaient, dit Merlin, le motif de l'autorisation maritale, sur une espèce de bienséance qui est d'ordre public. » Telle était l'opinion du président Bouhier, lorsqu'il disait « que les bonnes mœurs et l'honnêteté publique ne permettent pas à la femme d'avoir communication d'affaires avec autrui sans le su et le congé de son mari pour éviter suspicion » (*Observations sur la Coutume de Bourgogne,* chap. XIX, n°s 46 à 51).

Telles étaient, dans l'ancien droit, les principales opinions, sur la question de savoir quel est le fondement de l'autorisation maritale. Et il ne faudrait pas croire que ce fut une question de pure théorie ; bien au contraire, elle avait un grand intérêt pratique : de la solution qu'on lui donnait, dépendait la solution de nombreuses difficultés, telle que la question de savoir si la nullité résultant du défaut d'autorisation est absolue ou simplement relative. La même question est encore très vivement discutée aujourd'hui, bien qu'une législation uniforme ait remplacé la diversité des anciennes Coutumes. Les divers systèmes qui se combattaient autrefois se retrouvent encore presque tous en présence.

SECTION II

La théorie à laquelle se sont rattachés les auteurs du
Code sur ce point capital ne ressort clairement ni de
l'examen des textes, ni de l'étude de l'ensemble de la
loi. Placés en présence de théories contraires, les rédacteurs du Code en ont subi les diverses influences.
Aussi la question du fondement de l'incapacité de la
femme mariée se pose-t-elle encore, et les systèmes
sont-ils nombreux. On peut toutefois ramener à trois
les idées qui ont cours sur ce point.

Certains auteurs soutiennent que la nécessité de
l'autorisation est la conséquence du devoir d'obéissance
de la femme, et que la puissance maritale est le seul
motif sur lequel repose l'incapacité de la femme mariée
(Toullier, II, 615 ; Delvincourt, I, p. 175, n° 11 ; Merlin, *Questions*, t. IX, voir *Puissance maritale*, n° 4).

Ils s'appuient notamment sur cette remarque que la
femme mariée est seule incapable et non la femme
restée fille ou devenue veuve (art. 215, 488, C. c.).
Mais s'il est vrai que la puissance maritale est une des
causes de l'autorisation, elle n'en est pas la seule.
Comment expliquer, en effet, dans ce système : 1° pourquoi la nullité de l'acte passé par la femme sans autorisation peut être invoquée par la femme elle-même ou

par ses héritiers (art. 225); 2° pourquoi le mari mineur ne peut pas autoriser sa femme, quoiqu'il ait autant de droits à sa déférence que s'il était majeur (article 224); 3° pourquoi la femme a besoin d'être autorisée par justice quand le mari est absent ou a perdu la puissance maritale par suite d'une condamnation emportant peine afflictive ou infamante, ou a été frappé d'interdiction (art. 221 et 222).

D'autres auteurs donnent pour motif à la nécessité de l'autorisation maritale, outre la puissance maritale, l'intérêt personnel et individuel de la femme. La loi a voulu protéger la femme contre la faiblesse, la légèreté et l'imprudence dont une vieille tradition semble faire l'apanage de son sexe (Proudhon, *Traité sur l'état des personnes*, t. 1, p. 454; Mourlon, *Répétitions écrites*, t. I, p. 392). Sans doute, ce système rend bien compte 1° de l'impossibilité pour le mari mineur d'autoriser sa femme (art. 224); 2° du maintien de la nécessité de l'autorisation après que le mari a perdu la puissance maritale (art. 221-222); 3° du droit qu'a la femme de se prévaloir du défaut d'autorisation (art. 225). Mais comment expliquer : 1° que la femme non mariée ne soit entourée d'aucune protection, par exemple ne soit pas placée en tutelle comme la femme romaine ; 2° que la femme survivante puisse être tutrice légale de ses enfants mineurs (art. 390); 3° que la femme puisse être tutrice de son mari interdit (art. 505);

4° que la loi donne au mari et surtout à ses héritiers, l'action en nullité (art. 225).

D'autres auteurs enfin, tout en conservant le premier motif tiré de la soumission que la femme doit à son mari, en ajoutent un deuxième, la protection des intérêts matrimoniaux dont le mari est le gardien (Aubry et Rau, t. V, § 472; Demolombe, t. IV, n°ˢ 115 à 117; Valette, *Cours de Code civil*, p. 332). Ainsi s'explique que le mari mineur ne puisse pas autoriser sa femme : aux yeux de la loi, il n'a pas une expérience suffisante pour accomplir son devoir de gardien des intérêts communs de la famille. Ainsi s'explique que la nécessité de l'autorisation subsiste encore après que le mari a perdu la puissance maritale. Ainsi s'explique le droit que l'art. 225 donne à la femme et à ses héritiers d'attaquer les actes qu'elle a passés sans autorisation. « Si la femme est admise à faire valoir la nullité résultant du défaut d'autorisation, c'est moins en vertu d'un droit établi à son profit particulier qu'en vertu du droit qu'elle puise dans sa participation aux intérêts collectifs qui, quel que soit le régime sous lequel les époux sont mariés, naissent du fait même du mariage » (Aubry et Rau, t. V, § 472, note 5).

Auquel de ces trois systèmes convient-il de s'arrêter? Aucun ne me semble absolument satisfaisant. Aucune rend exactement compte de la véritable pensée des rédacteurs du Code. « Inclinant d'abord vers le système de l'incapacité de la femme, le Code veut que l'autorisation soit spéciale, que le contrôle de la justice, remplace au besoin celui du mari incapable, que la femme non autorisée puisse elle-même agir en nullité. Puis, tournant brusquement vers la doctrine contraire, il laisse la femme libre, en général, de contracter avec son mari sans aucun contrôle, sans aucune autorisation » (Gide, *Etude sur la condition privée de la femme*, p. 533). Le principe qui a déterminé les rédacteurs du Code, il faut le reconnaître, échappe à l'analyse. Tout ce qu'on peut dire, c'est que, trouvant dans les anciens auteurs, Coquille, Pothier, Lebrun, trois motifs de l'autorisation maritale et jugeant que tous trois pouvaient se justifier, ils se sont bornés à poser des décisions pratiques, s'inspirant à la fois de ces divers principes. L'incapacité de la femme est donc établie dans l'intérêt de la famille en général. Le mari est le chef responsable de cette famille : le législateur n'a pas voulu que la femme en puisse compromettre le patrimoine; de là la nécessité de l'autorisation maritale qui n'est une entrave que si la paix et l'union n'existent pas au foyer conjugal.

Les travaux préparatoires démontrent que les rédacteurs du Code ont cédé aux différents motifs donnés par nos anciens auteurs. D'une part, je trouve invoquée l'idée de l'autorité maritale dans les passages suivants : « L'obéissance de la femme est un *hommage rendu au pouvoir qui la protège.* — Comme il y a *auc n pouvoir* par-

culier qui ne soit soumis à] la puissance publique, le
magistrat peut intervenir pour réprimer les refus in-
justes du mari » (Portalis, *Exposé des motifs*). « La
liberté entière de disposition de la femme *est contraire
à la déférence qu'elle doit à son mari* » (Gillet, *Rapport
au Tribunat*).

D'autre part, l'idée de la faiblesse de la femme et de
la protection qui lui est due : « *La femme a besoin de
protection*, parce qu'elle est la plus faible » (Portalis, *loc.
cit.*). « Il faut que le mari puisse veiller à la conservation des biens de son épouse » (Tronchet). « Pothier soutient, disait Mouricault, que l'incapacité
de la femme est établie, non pas dans son intérêt, mais
comme une déférence due au mari ; mais cet assujet-
tissement n'a-t-il donc pas *aussi* pour objet de donner
un guide à l'inexpérience de la femme, de lui donner
un protecteur contre la surprise. »

D'autre part enfin, l'idée de protection des intérêts
de la famille, pour lesquels il faut un chef unique :
« *L'obéissance de la femme est une suite nécessaire de la
société conjugale*, qui ne pourrait subsister si l'un des
époux n'était subordonné à l'autre » (Portalis, *loc.
cit.*). « *L'indépendance de la femme blesse surtout cette
unité*, cette communication individuelle de toutes
choses de la vie, qui est un des principaux caractères
du mariage » (Gillet, *loc. cit.* Voir Locré, *Lois civiles*,
t. X, *passim*).

En résumé, je conclus de tout ce qui précède que

l'autorisation maritale est exigée en même temps :
1° dans l'intérêt de la *puissance maritale* ; 2° dans l'intérêt *personnel de la femme* ; 3° dans l'intérêt *collectif du
mariage* lui-même. M. Demolombe pense que cette doctrine serait la meilleure en théorie, en législation ;
mais il ne l'adopte pas, il pense que l'autorisation maritale n'est fondée que sur la nécessité de maintenir
l'autorité maritale et sur la garantie due aux intérêts
matrimoniaux. Toutefois, il me semble résulter des
textes et des affirmations si nombreuses de leurs rédacteurs, qu'il faut y ajouter l'intérêt personnel de la
femme.

CHAPITRE II

ÉTENDUE DE L'INCAPACITÉ DE LA FEMME MARIÉE, TELLE QU'ELLE RÉSULTE DES ARTICLES 215 ET SUIVANTS

Avant de rechercher sur quels points et dans quelle
mesure la liberté des conventions permet de déroger
au droit commun établi par les art. 215 et 217, et
d'étudier dans les divers régimes établis par le Code
les droits conservés par la femme et le règlement de sa
capacité pour l'exercice de ces droits, il importe d'es-
quisser en traits rapides la condition civile de la femme
mariée, telle qu'elle résulte du fait même du mariage.
Si, en effet, la femme conserve plus ou moins de droits
suivant le régime qu'elle a adopté, le principe de l'in-

capacité qui la frappe est indépendant du régime matrimonial, en ce sens au moins que sous tous les régimes,
elle ne peut faire un grand nombre d'actes sans autorisation et que tous la frappent d'une incapacité plus ou
moins étendue. Il me faut donc commencer par exposer la théorie générale contenue au titre *du mariage* et
rechercher quelle est la capacité fixe et invariable de
la femme indépendamment du régime sous lequel elle
peut être mariée. Ainsi, du reste, que je l'ai déjà dit,
je me bornerai à quelques indications rapides plutôt
qu'à un exposé véritable de la matière, estimant qu'il
n'y a là qu'une sorte de préliminaire à mes développements ultérieurs.

Tout d'abord il me faut poser trois conséquences
découlant du principe que l'incapacité de la femme est
une suite du mariage :

1° L'incapacité de la femme, et. par suite, la nécessité de l'autorisation, ne commence qu'à partir de la
célébration du mariage, tandis que dans l'ancien droit
certaines Coutumes la faisaient commencer au jour
même des fiançailles (Coutume d'Artois, art. 87 ;
Pothier, *De la puissance du mari*, n°ˢ 7 et 8).

2° La nécessité de l'autorisation subsiste tant que
dure le mariage : la femme même séparée de corps
reste incapable. Il est vrai que la séparation de corps
emportant séparation de biens diminue dans une certaine mesure son incapacité. Peut-être même est-il
permis de regretter à cet égard que la loi ne se fût pas

.oujours montrée assez prévoyante ! (Demolombe. IV, n° 119 ; Laurent, III, n° 96).

3° L'incapacité de la femme est d'ordre public. L'art. 1388 défend aux époux de déroger aux droits résultant de la puissance maritale sur la personne de la femme, sauf au régime matrimonial à déterminer ceux de ses droits que la femme conserve.

SECTION PREMIÈRE.

DES ACTES QUE LA FEMME NE PEUT JAMAIS FAIRE SANS AUTORISATION, ET DE CEUX POUR LESQUELS L'AUTORISATION N'EST JAMAIS EXIGÉE.

§ 1. *Des actes que la femme ne peut jamais faire sans autorisation.*

I. *Des actes judiciaires.* — L'art. 215 décide que la femme mariée ne peut *ester en jugement*, c'est-à-dire plaider, sans l'autorisation de son mari. Cette règle qui se justifie par la gravité des procès et de leurs conséquences, doit être appliquée devant toute juridiction et à tous degrés d'instance, s'agit-il même de comparaître en conciliation devant le juge de paix (Aubry et Rau, V, § 472 ; Demolombe, IV, 129 ; Cassation, 3 mai 1808 ; Sirey 8, 1, 310) ; ou de figurer dans une procédure d'ordre (Cassation, 21 avril 1828 ; Sir., 28, 1, 275 ; Lyon, 16 juin 1843).

Elle s'applique également. quel que soit l'objet de l'instance ; s'agit-il même de défendre à une demande

7

en interdiction dirigée contre la femme (Cassation, 9 janvier 1822 ; Sir., 22, 1, 156 ; Aubry et Rau, V, § 472 ; Demolombe, IV, 125), ou de demander la nullité de son propre mariage (Req., rej., 10 février 1851 ; Sir., 51, 1, 202 ; Lyon, 4 avril 1867 ; Sir., 67, 2, 90 ; Aubry et Rau, Demolombe, IV, 127), ou bien encore de provoquer l'interdiction de son mari (Demolombe, IV, 126).

Il n'y a pas, non plus, lieu de distinguer, suivant le rôle que la femme joue dans l'instance.

De même encore, la règle de l'art. 215 s'applique sous tous les régimes, quand bien même la femme serait marchande publique. Sur ce point, le Code a innové sur l'ancien droit, qui permettait à la femme, séparée de biens, de plaider librement pour ses actes d'administration (art. 224, *De la Coutume de Paris* ; Pothier, *Traité de la puissance du mari*, n° 62). Le Code a-t-il été bien inspiré ? Il est permis d'en douter. Puisque la femme a le droit d'administrer, pourquoi lui refuser le droit de venir défendre en justice les actes de son administration ? Pourquoi exiger l'autorisation du mari, qui n'y a aucun intérêt, et cela surtout en cas de séparation de corps ?

Enfin, la règle s'applique, quel que soit l'adversaire de la femme, quand bien même elle plaiderait contre son mari (Grenoble, 21 février 1833 ; Sir., 33, 2, 28 ; Aubry et Rau, V, § 472 ; Demolombe, IV, 138).

II. *Des actes extrajudiciaires.* — L'art. 217, qui pose

la règle, s'exprime ainsi : « La femme, même non commune ou séparée de biens, ne peut donner, aliéner, hypothéquer, acquérir, à titre gratuit ou onéreux, sans le concours du mari dans l'acte, ou son consentement par écrit. »

Quels que soient les termes dont se sert l'art. 217, il ne faudrait pas en conclure que l'incapacité de la femme est toujours la même sous tous les régimes matrimoniaux ; elle a, en effet, la capacité de procéder seule, et sans autorisation, aux acquisitions, aliénations ou obligations rentrant dans la sphère des actes d'administration, toutes les fois que son contrat de mariage lui réserve le droit d'administrer ses biens.

Cela posé, je vais examiner brièvement les quatre incapacités contenues dans l'art. 217.

1° *De l'incapacité d'acquérir à titre onéreux ou gratuit.* — A. *Acquisitions à titre gratuit.* — Deux motifs : 1° La loi veut que le mari connaisse et approuve les libéralités faites à sa femme, « ne uxor turpem quæstum faciat ; » mais, est-ce là un motif sérieux, et ne peut-on pas répondre, avec M. Legouvé : « L'épouse n'a-t-elle donc pas son honneur, elle aussi ? » (*Histoire morale des Femmes*, p. 157). 2° L'acquisition, tout en étant à titre gratuit, peut entraîner des charges qu'il y a lieu d'examiner. De ce principe, résulte que la femme ne peut, sans autorisation, accepter, ni une succession, proprement dite (art. 776), ni une donation entre vifs (art. 934), ni un legs ou une succession testamentaire.

Cette incapacité d'acquérir à titre gratuit est la même sous quelque régime que la femme soit mariée, et les conventions matrimoniales ne peuvent y déroger. Le Code n'a même pas reproduit l'art. 9 de l'ordonnance de 1731, sur les Donations, qui permettait à la femme, mariée sous le régime dotal, de recevoir, sans autorisation, un bien qui lui serait donné pour lui tenir lieu de paraphernal.

B. *Acquisitions à titre onéreux.* — La femme ne peut acquérir à titre onéreux, car elle ne peut le faire sans fournir un équivalent, et la loi lui défend d'aliéner sans autorisation. Elle ne peut donc aliéner, échanger, recevoir ou faire un payement. C'est là un point de doctrine absolument certain; et si l'on voit, chaque jour, des femmes mariées faire des achats divers, c'est parce qu'elles agissent au nom de leur mari, qui est censé leur donner le pouvoir de faire ces acquisitions dans les limites des ressources et des besoins du ménage.

En principe, cette incapacité est indépendante du régime matrimonial; toutefois, malgré la généralité de l'art. 217, il faut reconnaître à la femme, qui s'est réservé, par son contrat de mariage, l'administration de tout ou partie de ses biens, le droit de faire certaines acquisitions dans la mesure que je déterminerai plus

·ard, en étudiant la condition de la femme mariée sous le régime de la séparation de biens.

2° *De l'incapacité d'aliéner à titre onéreux ou gratuit.* — A. *Aliénations à titre gratuit.* — La défense est absolue, quel que soit le régime matrimonial, réserve faite toutefois de la question de savoir si la femme séparée de biens peut faire une donation de meubles.

Cette règle entraîne pour la femme l'incapacité de faire sans autorisation une institution contractuelle. L'institution contractuelle, en effet, requiert chez le disposant la capacité exigée pour faire une donation entre vifs ordinaire. Comme elle est irrévocable et emporte renonciation à la faculté de disposer à titre gratuit des biens qu'elle comprend, il est naturel en ce qui concerne les conditions de capacité de l'assimiler plutôt à une donation qu'à un legs (Aubry et Rau, VIII, § 739; Colmet de Santerre, IV, 253 *bis*).

B. *Aliénations à titre onéreux.* — Pour les immeubles, il résulte, tant de l'art. 217 que de l'article 1538, aux termes duquel « dans aucun cas ni à la faveur d'aucune stipulation, la femme ne peut aliéner ses immeubles sans le consentement spécial de son mari, ou, à son refus, sans être autorisée par justice, » que la défense est aussi absolue que celle d'aliéner à titre gratuit. D'où je conclus que la femme ne peut sans autorisation ni vendre, échanger ou donner en payement un immeuble, ni constituer une servitude ou consentir un usufruit, ni donner en antichrèse l'usufruit d'un immeuble (Req. rej., 22 nov. 1841 ; Sir., 42,1,48), ni même aliéner un immeuble acheté par elle avec ses économies (Demolombe, IV, n° 152. *Contra*, Req. rej., 8 sept. 1814 ; Sir., 1815, I, 39).

Pour les meubles, au contraire, la règle varie suivant le régime adopté par la femme. Toutes les fois qu'elle s'est réservé l'administration de tout ou partie de ses biens, elle pourra aliéner à titre onéreux ses biens mobiliers compris dans cette administration, sauf à préciser dans quelle limite (art. 1449, 1536, 1576). Toutes les fois, au contraire, que la femme ne s'est pas réservé cette administration, l'art. 217 reprend son empire, et la femme ne peut pas plus aliéner ses meubles que ses immeubles.

3° *De l'incapacité d'hypothéquer.* — Cette incapacité résulte non seulement de l'art. 217, mais encore de l'art. 2124, qui exige la capacité d'aliéner pour pouvoir hypothéquer. Le seul cas où le doute est possible, est celui où la femme s'étant réservé l'administration de tout ou partie de ses biens veut consentir une hypothèque pour garantir les obligations contractées par elle pour cause d'administration. Même dans ce cas je déciderai qu'elle ne le peut pas, car autre chose est d'administrer et de contracter à cet effet, autre chose est d'hypothéquer. Pour pouvoir hypothéquer, il faut non seulement pouvoir s'obliger, personnellement, mais encore pouvoir aliéner d'une manière absolue l'immeuble (art. 2124). Il n'est pas vrai de dire que la personne qui peut contracter un engagement est par cela même capable de consentir une hypothèque pour en garantir l'exécution. Ainsi le tuteur peut obliger le mineur, il ne peut hypothéquer ses biens même pour cause d'administration (art. 457 et 2156; art. 6, Code de com.; Demolombe, IV, n° 162. *Contra*, Aubry et Rau).

4° *De l'incapacité de s'obliger*. — Bien qu'elle ne ressorte pas expressément de l'art. 217, elle y est virtuellement contenue. Il est vrai que l'emploi du mot s'*obliger* avait été demandé par la section de législation du Tribunat; mais si l'on ne fit pas droit à sa demande, c'est que l'on craignit d'employer une expression qui eût pu faire croire à tort que la femme mariée n'est pas obligée par ses délits ou quasi-délits. L'incapacité de s'obliger varie suivant le régime matrimonial. La femme a-t-elle l'administration de tout ou partie de ses biens, elle peut s'obliger sans autorisation dans la limite que j'essayerai de préciser plus tard. Ne l'a-t-elle pas, elle ne peut s'obliger valablement sans y être autorisée.

Telle est la règle pour les obligations résultant de contrats. Mais que faut-il décider pour les obligations qui résultent de la loi, de quasi-contrats, de délits ou de quasi-délits?

Toutes les fois que l'engagement résulte de l'autorité seule de la loi, la femme est valablement obligée
indépendamment de toute autorisation. Telle est l'o-
bligation de gérer une tutelle, à laquelle la femme a
été appelée, et de répondre soit du défaut de gestion,
soit de la mauvaise administration de cette tutelle
(art. 1370; Aubry et Rau, V, § 472; Demolombe,
IV, n° 176).

De même l'autorisation n'est pas nécessaire lorsque
l'engagement résulte d'un fait personnel de la femme,
constituant un délit ou un quasi-délit. La femme mariée, comme toute personne, est soumise au principe
que chacun doit réparer le dommage qu'il a causé à
autrui par sa faute (art. 1382).

Quant aux engagements qui résultent de quasi-contrats, il y a lieu de faire des distinctions. Voici la règle
que pose Pothier au n° 50 de son *Traité de la puissance
du mari* : il distingue entre les obligations qui naî-
traient de quelque fait de la femme et celles que nous
contractons sans aucun fait de notre part. Pour les
premières, l'autorisation est exigée; pour les secondes, elle ne saurait l'être. Tel est encore aujourd'hui
le principe qui doit nous guider dans l'examen de cette
question.

Si un tiers a géré les affaires de la femme de telle
sorte qu'il aurait l'action *negotiorum gestorum* contre
toute autre personne, celle-ci sera obligée envers lui.
et par suite sera soumise à toutes les obligations qu'en-

traîne le quasi-contrat de gestion d'affaires, et il ne
faudrait pas dire, comme cela a été quelquefois soutenu, qu'elle est engagée seulement jusqu'à concurrence du profit qu'elle a retiré de la gestion (Aubry et
Rau, V, § 472; Demolombe, IV, n° 177).

Si, au contraire, c'est la femme qui a géré les affaires d'autrui, que faut-il décider? Pothier (*loc. cit.*),
enseigne que la femme ne sera pas tenue de l'action
negotiorum gestorum contraria, car elle ne peut s'obliger par un fait qui lui soit personnel.

Telle est encore la doctrine qu'il faut suivre. Ce
qu'on voulait, en effet, et ce qu'on veut encore, comme
le fait très justement remarquer M. Demolombe, c'est
que la femme ne puisse pas, par sa volonté, par son
fait personnel enfin, aliéner ou s'obliger sans autorisation : c'est sa volonté qu'on fait dépendante. Aussi la
femme ne pourra-t-elle être poursuivie en raison de la
gestion qu'autant que ses fautes constitueraient un
quasi-délit, ou dans la mesure de ce dont elle se serait
enrichie (Demolombe IV, n° 181; Aubry et Rau, V,
§ 472). Cette solution a toutefois été contestée; le tiers
dont l'affaire est gérée n'a, en effet, rien à se reprocher, et il serait injuste que l'immixtion de la femme
dans ses affaires lui causât un préjudice. Mais cette
crainte est un peu exagérée, car, en fait, la femme non
autorisée trouvera difficilement des tiers qui consentent à contracter avec elle pour une gestion d'affaires
qu'elle entreprendrait, ceux-ci devenant eux-mêmes

responsables en vertu du principe de l'art. 1382.

La même difficulté se présente dans le cas où la femme a reçu, sans autorisation, un payement qui ne lui serait pas dû. Toutefois, pour que la question puisse s'élever, il faut que la femme ait eu la capacité de recevoir ce payement, sans quoi il est certain qu'elle ne sera tenue que dans la mesure dans laquelle le payement lui a profité. C'est ce qui aura lieu le plus souvent, car recevoir un payement est un acte qui renferme à la fois une acquisition et une aliénation.

§ 2. *Des actes que la femme peut toujours faire sans autorisation.*

Le Code procède par voie d'énumération pour indiquer les cas dans lesquels la femme doit être autorisée. Dès lors, se pose la question de savoir si hors des cas prévus par la loi la femme a besoin d'être autorisée, en d'autres termes si la nécessité de l'autorisation est la règle ou l'exception. A vrai dire, la question n'a pas un grand intérêt pratique, car en vertu des art. 215 et 217 la femme ne peut, ni ester en jugement, ni acquérir, ni aliéner, ni hypothéquer, ni s'obliger sans autorisation, et d'un autre côté plusieurs dispositions du Code la dispensent expressément d'autorisation dans un certain nombre de cas déterminés (art. 216, 226, 905, 1096, 1990).

Quelque considérable que soit sa portée, le prin-

cipe de l'incapacité de la femme mariée ne doit être
considéré que comme une exception. Il doit céder le
pas à un autre principe plus général encore, savoir que
les incapacités, comme les exceptions, sont de droit
étroit et ne doivent pas être étendues en dehors des
cas expressément prévus. D'ailleurs, les art. 1123 et
1124 rapprochés l'un de l'autre montrent que la capacité de la femme est la règle et l'incapacité l'exception. L'art. 1123 dit, en effet, que « toute personne
peut contracter si elle n'est pas déclarée incapable par
la loi. » Et l'art. 1124 ajoute : « Les incapables de contracter sont....., les femmes mariées, dans les cas
exprimés par la loi. »

Voici maintenant les actes pour lesquels la femme
n'a pas besoin d'autorisation :

I. *Des actes judiciaires.* — **A.** L'art. 216 édicte la
règle : « L'autorisation du mari n'est pas nécessaire
lorsque la femme est poursuivie en matière criminelle
ou de police. » Ainsi la femme est-elle demanderesse,
l'autorisation est nécessaire ; est-elle défenderesse,
elle est inutile. Quelle est la raison de cette différence
entre les procès civils pour lesquels l'autorisation est
toujours exigée et les procès criminels ? Cette différence tient à ce que, en matière civile, il peut être de
l'intérêt de la femme de ne pas se défendre, tandis
qu'en matière criminelle elle y est toujours intéres-
sée.

« L'autorité du mari, dit Portalis, disparaît devant

celle de la loi, et la nécessité de la défense naturelle dispense la femme de toute formalité » (Locré, *Législation civile*, t. IV, p. 583).

Pour déterminer l'étendue d'application de l'article 216, il y a lieu de distinguer quatre hypothèses :

1° *La femme est poursuivie par le ministère public.*

2° *Elle est poursuivie par la partie civile en même temps et devant les mêmes juges que par la partie publique.* — Dans ces deux cas tout le monde est d'accord pour décider qu'elle n'a pas besoin d'autorisation, ni pour défendre à l'action publique, ni pour défendre à l'action civile.

3° *Elle est poursuivie par la partie civile seulement et à fin de dommages-intérêts devant le tribunal civil.* — Dans ce cas, tout le monde est également d'accord pour décider qu'elle a besoin de l'autorisation maritale (art. 215).

4° *Elle est poursuivie par la partie civile seulement et à fin de dommages-intérêts devant le tribunal correctionnel ou de police* (art. 145 et 182, Inst. cr.).—Dans ce cas, je déciderai qu'elle n'a pas besoin d'autorisation. L'article 216, est, en effet, général. Par cela seul que la partie civile agit devant un tribunal de justice répressive, la femme est poursuivie au criminel. Le ministère public est présent, son attention est éveillée ; il peut requérir une peine et le tribunal est compétent pour la prononcer (Demolombe, IV, n° 143 ; Valette, *Explic. som.*, p. 123, *in fine*).

Toutefois, cette solution est contestée par beaucoup d'auteurs qui restreignent la dispense d'autorisation aux deux premiers cas que je viens d'indiquer (Aubry et Rau, V, § 472 ; Laurent, III, n° 210).

B. Si la femme veut former contre son mari, une demande en séparation de corps ou de biens, l'autorisation maritale n'est pas exigée. Mais la loi édicte des règles spéciales destinées à la remplacer (art. 865, 875, 878, C. de pr.). La femme doit obtenir l'autorisation préalable du président du tribunal ; pour cela, elle lui adresse une requête. Le président ne peut refuser l'autorisation, mais il a le droit de faire les observations qu'il juge convenables (Cassation, 15 juillet 1867 ; Sir., 67, I, 315).

C. La femme peut encore faire tous les actes conservatoires, même ceux pour lesquels le ministère d'huissier est nécessaire, avant d'y être autorisée. Tels sont les sommations, protêts ou oppositions. Il a même été jugé qu'elle pouvait, sans autorisation, introduire une instance en référé (Tribunal de la Seine, 19 juin 1863 ; *Gaz. des Tribunaux* du 26 juin). Réciproquement, les actes conservatoires seront valablement faits par des tiers contre une femme non autorisée. Mais il ne faut pas exagérer cette exception : l'autorisation maritale redevient nécessaire dès que la femme veut poursuivre devant la justice, les effets d'un de ces actes conservatoires, par exemple, assigner en garantie d'un protêt faità sa requête ou en validité de saisie-arrêt. Même

observation pour les actes faits contre elle par des tiers
(Demolombe, IV, n° 131).

D. Si la femme se trouve engagée dans un procès au
moment de son mariage, et si l'affaire est en état, le
jugement ne sera pas différé par le mariage (art. 342,
343, C. de pr.). De même les procédures peuvent être
continuées avec la femme non autorisée, tant que son
mariage n'a pas été notifié à la partie adverse, l'affaire
ne fût-elle pas en état (art. 345, C. de pr.; Req., rej.,
10 décembre 1812; Sir.,14, 1, 196).

II. *Des actes extrajudiciaires.* — Dans quelques cas,
la loi dispense la femme d'autorisation par une disposition expresse.

1° La femme peut *tester* sans autorisation (art. 226
et 905). Deux motifs, l'un déjà exprimé en droit romain à un autre point de vue, que le testament doit être
l'œuvre personnelle du testateur *neque ex alieno arbitrio
pendere* (L. 32, pr., D., *De hered. instit.*, liv. XXVIII,
tit. 5); l'autre, que le testament produit son effet au
décès seulement de la femme, c'est-à-dire à un moment où le mariage et la puissance maritale ont disparu.
Malgré cela, un grand nombre de nos anciennes Coutumes, telles que celles de Normandie, de Bretagne, de
Bourgogne, avaient refusé ce droit pour la femme,
par une exagération outrée du principe de l'autorité
maritale.

2° De même la femme peut, sans autorisation, *révo-*

quer une donation entre vifs qu'elle aurait faite à son mari au cours du mariage (art. 1096).

3° L'art. 1990 dit que la femme peut être *choisie pour mandataire* ; mais le mandant n'a d'action contre la femme mariée qui a accepté le mandat sans autorisation de son mari, que d'après les règles établies au titre *du mariage* et non du *contrat de mariage*, comme le dit l'article. Voici la portée de cette règle : malgré l'incapacité de la femme qui n'a pas été autorisée à accepter le mandat, le mandant se trouvera lié par l'exécution du mandat, tant envers elle qu'envers les tiers avec lesquels elle aura contracté, et réciproquement les tiers seront liés envers le mandant. Mais la femme n'est pas obligée, et si plus tard elle était recherchée, soit pour inexécution des obligations résultant du contrat, soit en reddition de comptes, elle pourrait opposer la nullité résultant du défaut d'autorisation ; le mandant n'aurait d'autre ressource que d'agir contre elle par l'action *de in rem verso* (Aubry et Rau, IV, § 141 ; Demolombe, IV, n°ˢ 166 et 167).

En dehors de ces cas, il y a un assez grand nombre d'actes que la femme mariée peut faire sans autorisation, soit qu'aucune disposition de loi ne les lui interdise, soit qu'ils découlent implicitement de dispositions de la loi. C'est ainsi que la femme pourra sans autorisation :

1° *Exercer les droits de la puissance paternelle* qui lui appartiennent d'après la loi. Elle pourra, par exemple, consentir au mariage de ses enfants, sans distinguer s'ils sont issus du mariage actuel ou d'un premier lit (art. 148); consentir à l'adoption par un tiers de son enfant mineur de vingt-cinq ans (son consentement est même nécessaire) (art. 346); accepter les donations faites à son enfant mineur (art. 935);

2° *Reconnaître l'enfant naturel* qu'elle aurait eu avant son mariage : cette reconnaissance est, en effet, un acte de justice et de réparation qu'il faut faciliter et qui doit être essentiellement libre et personnel. A cet égard, on peut poser ce principe avec MM. Aubry et Rau que « celui qui est moralement capable de volonté, est, par cela même, capable de reconnaître un enfant naturel, quelle que soit d'ailleurs l'incapacité légale dont il se trouve frappé, sous d'autres rapports, par le droit positif » (Aubry et Rau, VI, § 588). L'art. 337 confirme cette solution ; il semble bien, à cet égard, placer les deux époux sur la même ligne. Enfin, ici les intérêts en jeu sont surtout des intérêts moraux ; on peut même dire que ce sont les seuls par suite de la disposition bizarre de cet art. 337 (Demolombe, IV, n° 187; Laurent).

3° *Révoquer son testament* ; cela résulte du droit même qu'elle a d'en faire un.

4° *Faire les actes conservatoires* de ses droits. Elle pourra sans y être autorisée : réquérir la transcription de l'acte de célébration du mariage qu'elle aurait contracté à l'étranger (art. 171), prendre une inscription hypothécaire, soit sur son mari (art. 2121 et 2139), soit sur un tiers, requérir la transcription soit d'une donation entre-vifs qu'elle aura été autorisée à accepter, conformément à l'art. 939, soit de tout autre acte pour lequel la loi du 23 mars 1855 exige la nécessité d'une transcription.

5° *Acquérir par accession ou par prescription*, de même qu'elle peut être privée de sa chose par l'effet d'une de ces deux causes, (art. 2254 et 2256).

6° Je rappelle, en terminant, qu'elle se trouve valablement engagée, sans autorisation, toutes les fois qu'il s'agit d'une obligation qui procède directement de la loi, ou d'un engagement qui prend naissance dans le fait d'un tiers ou dans un délit ou quasi-délit commis par elle.

SECTION II

DANS QUELLE MESURE LE RÉGIME MATRIMONIAL PEUT-IL MODIFIER LA CAPACITÉ DE LA FEMME, TELLE QU'ELLE EST ÉTABLIE PAR LE DROIT COMMUN?

Ainsi que je l'ai déjà remarqué, l'incapacité établie par les art. 215 et 217 peut, à certains égards, être modifiée par les conventions matrimoniales. Jusqu'ici j'ai étudié, sans me préoccuper du régime sous lequel les époux étaient mariés, d'une part *la capacité invariable*, c'est-à-dire les actes que la femme peut toujours faire sans autorisation, et de l'autre *l'incapacité également invariable*, c'est-à-dire les actes pour lesquels l'autorisation est toujours nécessaire. Maintenant je me

8

propose d'examiner la *capacité variable* que la femme
mariée peut avoir suivant le régime matrimonial par elle
adopté. Dans le but de favoriser le mariage, la loi a laissé
aux époux la plus grande latitude pour régler leurs conventions pécuniaires. Une règle uniforme, invariable,
eût été une contrainte, et par suite une entrave au mariage ; c'est pourquoi les rédacteurs du Code ont pris
soin d'énumérer un certain nombre de régimes matrimoniaux pouvant s'adapter à la diversité des intérêts
et des positions sociales. Bien plus, l'art. 1387,
placé en tête du titre du *Contrat de mariage*, décide que
« la loi ne régit l'association conjugale, quant aux
biens, qu'à défaut de conventions spéciales que les
époux peuvent faire comme ils le jugent à propos,
pourvu qu'elles ne soient pas contraires aux bonnes
mœurs, » et en outre aux dispositions prohibitives du
Code civil. Et cet article n'a pas seulement pour but de
rappeler le principe général de notre droit, qu'en
matière de contrats, on peut stipuler tout ce qui n'est
pas défendu par la loi, sa portée est plus étendue ; il
est plus vrai encore, en cette matière qu'en toute autre,
de dire que la loi permet tout ce qu'elle ne prohibe
pas ; de plus, en faveur du mariage, elle relève formellement les époux de certaines incapacités ou restrictions établies pour tous les autres cas (art. 943 à
947, 1082 à 1086, 1094, 1095, 1309, 1398, 1514,
1525, 1837, 1855).

Si général que soit le principe de l'art. 1387, si

favorables que soient les conventions matrimoniales, il
y a des restrictions commandées par la nature des
choses et par l intérêt social. De ce nombre sont les
conventions qui auraient pour but de déroger aux droits
qui résultent de la puissance maritale sur la personne
de la femme ou qui appartiennent au mari comme chef
(art. 1388).

C'est ainsi que serait nulle la clause d'un contrat de
mariage par laquelle la femme s'affranchirait de l'autorisation maritale ou judiciaire pour l'aliénation de
ses immeubles. Serait, au contraire, valable, la clause
par laquelle la femme tout en adoptant le régime de la
communauté légale, se réserverait la jouissance et
l'administration seulement de partie de ses biens. Il
y a, en effet, là une séparation de biens partielle. Or la
femme pouvait la stipuler complète : qui peut le plus
peut le moins (Pothier, *De la communauté*, n° 466). De
même, la clause par laquelle la femme se réserverait
de semblables droits sous le régime exclusif de communauté et sous le régime dotal, serait parfaitement
valable.

L'art. 1534 qui donne à la femme mariée sous le
régime exclusif de communauté, le droit de convenir
dans son contrat de mariage qu'elle touchera annuellement, sur ses seules quittances, certaines portions de
ses revenus pour son entretien et ses besoins personnels, n'y met aucunement obstacle. Il n'y a là qu'un

exemple de convention offert à la prévoyance des parties. Il en est de même de l'art. 1549.

Il y a donc lieu de distinguer entre les clauses par lesquelles la femme se réserve le droit d'administrer tout ou partie de ses biens et celles par lesquelles elle voudrait se soustraire à la nécessité d'une autorisation pour les aliéner. Les premières sont valables, les secondes doivent être annulées. Telle est la règle édictée par l'art. 223 : « Toute autorisation générale, même stipulée par contrat de mariage, n'est valable que quant à l'administration des biens de la femme. » De son côté, l'art. 1538 porte que : « Dans aucun cas, ni à la faveur d'aucune stipulation, la femme ne peut aliéner ses immeubles sans le consentement spécial de son mari, ou, à son refus, sans être autorisée par justice. Toute autorisation générale d'aliéner les immeubles donnée à la femme, soit par contrat de mariage, soit depuis, est nulle. »

Le Code a même été plus loin dans cette prohibition que notre ancien droit. C'était en effet, une question controversée parmi nos anciens auteurs de savoir si l'autorisation générale quant à l'aliénation était ou non permise (Lebrun, liv. II, ch. I, sect. 4, n°s 1 et 7 ; Merlin, Répert., V° *Autor. marit.*, sect. 6, § 2, art. 2). De plus, la prohibition s'étend même aux biens paraphernaux (art. 1576), tandis que dans les pays de droit écrit la femme pouvait les aliéner sans autorisation.

L'autorisation donnée pour aliéner un immeuble doit

donc être *spéciale* ; mais comment faut-il entendre cette condition? La jurisprudence et la plupart des auteurs décident que l'autorisation doit être spéciale pour *tel acte déterminé dont l'époque et les conditions seront soigneusement précisées.* C'est, du reste, ce que décidaient dans l'ancien droit ceux qui n'admettaient pas la validité de l'autorisation générale donnée par contrat de mariage (Pothier, Introd. au titre X de la Coutume d'Orléans et Traité de la puissance du mari, n° 67). L'autorisation étant, en effet, exigée pour protéger les intérêts de la famille et de la femme elle-même, il est de toute évidence qu'elle ne peut atteindre ce résultat qu'autant que le mari a pris connaissance de chaque acte avant de l'autoriser. Donner à l'avance à sa femme l'autorisation de faire ce qui lui plairait, équivaudrait pour le mari à une véritable abdication de la puissance maritale, laquelle est d'ordre public (Demolombe, IV, n° 207; Laurent, III, n° 113). Toutefois MM. Aubry et Rau, V, § 472, soutiennent que l'autorisation est suffisamment spéciale si elle s'applique non pas à une opération précise, mais à un immeuble ou certains immeubles désignés dans le contrat. Mais cette doctrine me semble inadmissible, car elle est contraire à la fois à la tradition, aux principes et à l'intention du législateur.

Quand on dit que la femme ne peut stipuler dans son contrat de mariage le droit d'aliéner sans autorisation, il faut entendre par là tout ce qui excède l'administra-

tion comme les emprunts ou les constitutions d'hypothèque. Pareillement serait nulle la stipulation par
laquelle la femme se réserverait dans son contrat de
mariage le droit d'ester en justice sans autorisation.

Je dois encore signaler un autre principe qui met
obstacle à la validité de certaines clauses qui pourraient être inscrites dans un contrat de mariage; c'est
le principe que les incapacités sont d'ordre public et
qu'il ne peut y avoir d'incapacités conventionnelles.
Je me borne pour le moment à indiquer ce principe,
car j'examinerai plus loin, d'une façon détaillée, si la
femme peut, dans son contrat de mariage, se déclarer
incapable de faire certains actes, par exemple de cautionner son mari, ainsi que l'a décidé un arrêt de la
Cour de Paris du 17 novembre 1875 (Sir., 76, 2, 65),
ou de s'obliger d'une façon absolue, ainsi que l'a décidé un autre arrêt de la même Cour du 6 décembre 1877
(Sir., 78, 2, 161).

D'un autre côté, si l'on considère les différents régimes énumérés par le Code civil, on reconnaît que
l'étendue de la capacité de la femme est notablement
modifiée suivant qu'elle a choisi tel ou tel de ces régimes. Il y a, en effet, bien des degrés entre l'incapacité
de la femme mariée sous le régime dotal dans toute sa
pureté, c'est-à-dire sans mélange de paraphernaux
dont tous les biens sont frappés d'inaliénabilité entre
les mains du mari, avec affectation de leurs revenus aux
charges du ménage. qui a abdiqué à l'avance, au jour

même de son mariage, le droit d'aliéner ou d'hypothéquer ses biens, se frappant, à cet égard, pour toute
la durée du mariage, d'une incapacité absolue, que
rien ne pourra lever, à la femme séparée de biens judiciairement ou contractuellement qui a la libre administration de ses biens et peut disposer de son mobilier et l'aliéner, sauf à préciser la limite exacte mise
par la loi à l'exercice de cette faculté.

Envisagés d'une manière très générale, les régimes
exposés par le Code se divisent en quatre principaux
essentiellement distincts les uns des autres : 1° *Le
régime de communauté* légale (art. 1399-1496) ou conventionnelle (art. 1497-1528) ; 2° le régime *sans communauté* (art. 1530-1535); 3° le régime de *séparation
de biens* (art. 1536-1539); 4° le régime *dotal* (art. 1540-
1581).

Sous le régime de la communauté, il y a lieu de distinguer trois sortes de biens : les biens du mari, les
biens de la femme et les biens de la communauté.
Quant à ses propres, le mari les administre à titre de
propriétaire, avec les pouvoirs et les droits qui lui appartiennent comme tels. Quant aux biens de la communauté, c'est encore lui qui les administre; il a même
le droit d'en disposer dans une très large mesure (article 1421). Quant aux biens de la femme, enfin, c'est
encore le mari qui en a l'administration dans les termes de l'art. 1428. Le rôle de la femme est, au contraire, très effacé ; elle ne peut ni s'obliger, ni exercer

aucune action même par rapport à ses propres biens, sans le consentement de son mari.

Sous le régime *exclusif de communauté*, chaque époux conserve ses biens propres; mais le mari a l'usufruit de tous les biens de la femme, sous la condition de supporter seul les charges du mariage (art. 1530-1531).

Sous le régime de la *séparation de biens*, chaque époux garde l'administration et la jouissance de ses biens. La femme conserve l'administration de ses biens et la jouissance de ses revenus; elle peut même aliéner ses meubles à titre onéreux; il lui est seulement défendu de les aliéner à titre gratuit et d'aliéner ses immeubles, même à titre onéreux, sans le consentement de son mari (art. 1449-1536).

Sous le régime *dotal* enfin, tous les biens de la femme lui restent personnels; mais il y a lieu de distinguer entre les biens dotaux et les biens paraphernaux. Les premiers sont inaliénables entre les mains du mari qui en a la jouissance et l'administration (art. 1549); les seconds sont aliénables et la femme en conserve la jouissance et l'administration (art. 1576).

Il résulte de tout cela que, sous le rapport de l'influence qu'ils peuvent avoir sur la capacité de la femme, ces divers régimes peuvent se diviser en trois groupes :

1° La femme est-elle mariée sous le régime de la communauté légale ou conventionnelle, ou sous le régime sans communauté, si elle ne s'est réservé par

une clause expresse, la jouissance et l'administration
d'une partie de ses biens, l'incapacité qui la frappe est
celle qui résulte des art. 215 et 217, et par suite, elle
ne peut faire aucun contrat sans autorisation.

2° Est-elle, au contraire, mariée sous le régime de
la séparation de biens, ou s'est-elle réservé la jouissance et l'administration d'une partie de ses biens, ou
bien encore, est-elle mariée sous le régime dotal avec
des paraphernaux, elle a une capacité plus étendue,
celle qui est indiquée par les art. 1499 et 1536.

3° Est-elle enfin mariée sous le régime dotal sans
paraphernaux, l'incapacité qui la frappe est plus grande
encore, car si elle est incapable de contracter ou d'a-
liéner ses biens sous le régime de la communauté, elle
peut être relevée de son incapacité par une autorisation, tandis qu'aucune autorisation ne peut lever l'incapacité où elle est d'aliéner ses biens dotaux ou de
contracter une obligation qui puisse être exécutée sur
ces biens (art. 1554).

Je me propose maintenant d'étudier le développement de ces trois idées, à chacune desquelles je consa-
crerai un chapitre spécial.

Je considère, en effet, qu'il ne rentre pas dans mon
sujet de rechercher par qui, comment, et à quel moment l'autorisation peut être donnée à la femme par
son mari, quand la justice peut ou doit remplacer l'autorisation maritale; quels sont les effets de l'autorisation, ou bien quelles sont les conséquences du défaut

d'autorisation dans les cas où elle est exigée. Je n'ai d'autre but que de rechercher dans quelle limite, et de quelle manière le régime matrimonial peut augmenter ou restreindre la capacité laissée à la femme par les art. 215 et 217.

CHAPITRE III.

DE LA CAPACITÉ DE LA FEMME MARIÉE SOUS LE RÉGIME DE LA COMMUNAUTÉ LÉGALE OU CONVENTIONNELLE, OU SOUS LE RÉGIME SANS COMMUNAUTÉ.

SECTION PREMIÈRE.

DU RÉGIME DE COMMUNAUTÉ LÉGALE.

Le régime de la communauté légale, tel qu'il est établi par les art. 1400 et suivants du Code civil, est le régime de droit commun, c'est-à-dire que ses règles sont applicables toutes les fois que les époux n'ont pas fait précéder leur union d'un contrat de mariage (art. 1400).

Il fallait bien, en effet, dans ce cas, décider comment serait régie l'association conjugale. Ce n'est, d'ailleurs, qu'après de longues discussions que le régime de la communauté légale fut choisi. Les uns proposaient, en effet, la communauté universelle ou réduite aux acquêts; d'autres, comme Portalis, la séparation de biens; d'autres, enfin, comme Malleville, le régime dotal avec société d'acquêts (Fenet,

t. IV, p. 494). Finalement, le régime de la communauté légale fut adopté comme étant à la fois celui qui reflète le mieux les mœurs nationales, et celui qui répond le plus à nos sentiments et à nos besoins (Duveyrier, *Rapport au Tribunat*; Locré, t. VI, p. 410).

Je n'ai pas à rechercher ici la question si controversée des origines de la communauté, et je ne me propose pas de discuter la valeur des systèmes qui lui donnent, pour origine : les uns, de vieux usages gaulois, dont on a cru trouver la trace dans un passage célèbre des *Commentaires* de César, où cet historien nous dit que « le mari apporte au ménage une somme égale à la dot de l'épouse : on confond ces deux apports, on en conserve les fruits, et on attribue le tout à l'époux survivant (César, VI, 19); » les autres, les anciennes coutumes germaniques, qui plaçaient la femme sous la garde ou tutelle (*mundium*) du mari, auquel elles conféraient, avec la saisine et l'administration de toute la fortune de cette dernière, la libre disposition de ses meubles, à la charge du payement des dettes, mais lui donnaient, en cas de survie, le droit de réclamer, outre le prélèvement de ses apports, une certaine portion des acquêts (Laferrière, *Histoire du Droit civil de Rome* et *du Droit français*, IV, p. 180; Laboulaye, *Etude sur la condition des femmes*, p. 137; Aubry et Rau, V, § 497).

Quoi qu'il en soit, le régime de la communauté se retrouve dans les plus anciens monuments de notre

droit. On lit, en effet, dans Beaumanoir : « Chacun sait
« que compeignie se fait par mariage, car sitôt comme
« mariage est fait, les biens de l'un et de l'autre sont
« communs par la vertu du mariage, mais voires est
« que, tant comme ils vivent ensemble, l'homme est
« mainbournistières » (Coutumes de Beauvoisis, chap.
XXI, t. I, p. 303). Et Loysel, nous apprend que « sont
« les mariés communs en tous biens meubles et im-
« meubles conquêts du jour de la bénédiction nup-
« tiale. » En ce sens on peut donc dire avec Montes-
quieu que la communauté est française (*Esprit des
lois*, VII, p. 15).

Si le régime de la communauté fut choisi pour régime de droit commun comme étant le régime natio-
nal de la France, il le fut aussi comme étant le régime
le plus conforme à la nature même du mariage qui est
suivant l'expression des Institutes « viri et mulieris
conjunctio, individuam vitæ consuetudinem continens »
(liv. I, tit. 9 § 1). « Cette convention entre l'homme
et la femme que le mariage renferme de vivre en commun pendant toute leur vie, fait présumer celle de
mettre en commun leur mobilier, leurs revenus, les
fruits de leurs épargnes et de leur commune collabo-
ration » (Pothier, *De la communauté*, n° **2**). D'ailleurs,
en adoptant le régime de la communauté comme droit
commun, il ne faut pas oublier que chez la plupart de
ceux qui s'y soumettent, faute de contrat, artisans ou
cultivateurs, la femme travaille autant que le mari, et

que dans tous les cas, si le mari et la femme ont des
rôles différents, ils n'en contribuent pas moins chacun dans leur sphère à la prospérité commune : le mari
gagne, la femme épargne ce qui est gagné, l'un produit et l'autre distribue le gain suivant les principes
d'une sage économie domestique. « Je pense qu'une
bonne ménagère, disait Socrate, contribue autant que
le mari au succès des affaires. » C'est ordinairement par
les labeurs de l'homme que les gains entrent au logis ;
mais ils se conservent le plus souvent par les soins de
la femme. Quand ces deux points vont ensemble, les
maisons réussissent ; quand ils vont mal, elles tombent en décadence.

Mais si le régime de la communauté rapproche ou
confond les patrimoines des deux époux, identifie leurs
intérêts, et veut que tout soit commun, la bonne
comme la mauvaise fortune, il est celui qui exige le
plus l'unité de direction. S'il est une association, ce
n'est point une association ordinaire : suivant une heureuse expression de M. Gide, c'est l'association du faible avec le fort. D'un côté il y a la femme, incapable
et dépendante, de l'autre il y a le mari à la fois armé
de la puissance maritale et chef de la communauté,
seigneur et maître, disait l'art. 225 de la Coutume de
Paris (Gide, *Etude sur la condition privée de la femme*,
p. 494 et s.).

Il est vrai qu'aujourd'hui il n'est plus exact de dire
que le mari est *seigneur et maître* de la communauté.

S'il peut, en effet, faire tous les actes de disposition à titre onéreux relativement aux biens communs, s'il peut aliéner, hypothéquer, constituer des servitudes, c'est toujours à la condition d'agir sans fraude (article 1421). Bien plus, l'art. 1422 lui défend de disposer entre vifs à titre gratuit des immeubles de la communauté, ni de l'universalité ou d'une quote-part des meubles, si ce n'est pour l'établissement des enfants communs; il peut disposer des effets mobiliers à titre gratuit et particulier, mais à la condition toutefois qu'il ne s'en réserve pas l'usufruit.

Je ne me propose pas d'exposer les règles qui régissent le régime de la communauté légale, car ce sont des questions de contrat de mariage et non des questions de capacité. Il importe toutefois de rappeler sommairement quelques-unes d'entre elles, pour justifier cette proposition que la femme mariée sous ce régime est incapable de faire aucun contrat sans autorisation.

Sous le régime de la communauté légale, il faut distinguer trois sortes de biens: les biens communs, les propres du mari et les propres de la femme. Les biens communs sont: les meubles des époux au moment du mariage; ceux qu'ils acquièrent au cours du mariage soit à titre onéreux, soit à titre gratuit par suite de donations ou de successions; les fruits, revenus, intérêts et arrérages, échus ou perçus pendant le mariage et provenant des biens qui appartenaient aux époux lors de sa célébration, ou de ceux qui leur sont échus pendant le mariage, à quelque titre que ce soit ; les immeubles acquis à titre onéreux pendant le mariage (art. 1401). Sont, au contraire, exclus de la communauté et restent propres aux époux, leurs immeubles au moment du mariage, les immeubles acquis à titre gratuit pendant le mariage, et certains meubles tels que les pensions de retraite, les rentes viagères dues par la Caisse de la vieillesse (Loi des 8 mars, 12-18-25 juin 1850) ; mais la communauté a l'usufruit de ces derniers biens pendant toute sa durée. Voici maintenant, quels sont les pouvoirs et les droits du mari relativement à chacune de ces sortes de biens, réserve faite de la défense de disposer à titre gratuit dans les termes de l'art. 1422.

Le mari détient non seulement ses biens propres, mais aussi les biens de la communauté (art. 1426) et les biens personnels de sa femme dont le revenu tombe dans la communauté (art. 1428).

S'agit-il de ses propres, il les administre à titre de propriétaire, il peut les aliéner, soit à titre onéreux soit à titre gratuit ; il peut les affermer pour tout le temps que bon lui semble ; il exerce toutes les actions qui y sont relatives ; il jouit en un mot de toutes les prérogatives du propriétaire et n'a de compte à rendre à personne. La seule modification qu'entraîne la communauté légale, c'est que ses biens sont engagés pour les dettes qui tombent dans le passif de la communauté.

S'agit-il des biens de la communauté, il a encore les pouvoirs de disposition les plus étendus : il peut les aliéner, les hypothéquer, les engager aussi bien par ses délits que par ses contrats (art. 1421), il peut même les donner, sous la réserve exprimée par l'art. 1422. Quant aux actes d'administration, ses pouvoirs ne sont limités par aucun texte, les baux qu'il fait devront être respectés quelle que soit leur durée. Enfin, par son testament il peut disposer des biens communs, pourvu que ces libéralités testamentaires n'excèdent pas sa part dans la communauté.

S'agit-il enfin des propres de la femme, il les administre également comme chef de la communauté qui en est usufruitière; mais à leur égard, ses droits sont moins étendus, il n'a que les pouvoirs d'un administrateur responsable de sa gestion dont il sera tenu de rendre compte. La loi trace même certaines limites à son pouvoir d'administrer. L'art. 1429 notamment, décide que les baux que le mari seul a faits des biens de sa femme pour un temps qui excède neuf ans, ne sont, en cas de dissolution de la communauté, obligatoires vis-à-vis de la femme ou de ses héritiers que pour le temps qui reste à courir de la période de neuf ans dans laquelle les parties se trouvent, sauf le tempérament apporté par l'art. 1430. Quant aux actes de disposition le mari ne peut les faire; c'est à la femme qu'il appartient de les consentir, mais à la condition d'être autorisée à cet effet (art. 1428).

La situation de la femme, au cours du mariage, est donc bien effacée : elle n'a pour ainsi dire aucun pouvoir, elle ne peut s'obliger, ni exercer aucune action même relativement à ses biens, sans l'autorisation du mari.

Les rédacteurs du Code ont, en effet, pensé qu'il fallait l'unité de direction, qu'il était nécessaire que l'un des époux ait la prépondérance et que le mari était le plus apte à remplir le rôle de chef de la communauté. Je dois toutefois réserver le cas où la femme commune en biens est commerçante. L'art. 220 dit en effet que la femme marchande publique peut, sans l'autorisation de son mari, s'obliger pour ce qui concerne son négoce, et qu'elle oblige en même temps son mari, s'il y a communauté entre eux. Enfin, il me faut rappeler que pour rétablir l'équilibre dans une association aussi inégale que la communauté, la loi accorde à la femme lors de la liquidation, les privilèges les plus étendus; elle crée en sa faveur tout un système de reprises, de récompenses, de prélèvements, d'indemnités, garantit ses actions par une hypothèque générale, lui donne le droit de renoncer à la communauté ou de n'être tenue que jusqu'à concurrence de son émolument, si elle remplit les formalités prescrites, sans parler d'autres avantages moins considérables (art. 1453, 1465, 1471, 1481, 1483). De plus, si le désordre du mari ou le mauvais état de ses affaires compromettent la dot ou les reprises de la femme, celle-ci pourra, au cours du

9

mariage, demander la séparation de biens (art. 1443) qui aura pour effet de substituer à la communauté un régime nouveau qui augmentera les droits et la capacité de la femme dans la limite que j'essayerai de préciser au chapitre suivant.

Quoi qu'il en soit, il est exact de dire que sous le régime de la communauté légale, la femme est absolument incapable de contracter sans autorisation, et que les art. 215 et 217 reçoivent leur pleine et entière application. Le plus souvent le point de savoir si la femme a pu faire un contrat, soulève une question de mandat plutôt qu'une question d'autorisation maritale ; car alors la femme contracte moins en son nom personnel que comme fondée de pouvoirs de son mari, qui demeure chargé de l'administration que lui confère le régime matrimonial (Demolombe, IV, n° 146).

SECTION II

DES RÉGIMES DE COMMUNAUTÉ CONVENTIONNELLE

Tout en adoptant le régime de la communauté comme base de leur association conjugale, les époux peuvent ne pas adopter toutes les règles de la communauté légale ; ils sont libres d'organiser autrement leur société, de modifier, soit la composition active ou passive de la communauté, soit les principes du partage, en un mot de faire toutes les stipulations qui ne portent pas atteinte aux dispositions que la loi déclare être d'ordre public.

L'art. 1497 placé en tête de la section relative à la communauté conventionnelle, édicte de nouveau le principe que les époux peuvent modifier la communauté légale par toute espèce de conventions non contraires aux articles 1387, 1388, 1389 et 1390. Ensuite, il énumère un certain nombre de clauses ayant pour effet de modifier la communauté légale. Cette énumération n'a d'ailleurs rien de limitatif ; elle est simplement énonciative. Le nombre des clauses qui peuvent modifier la communauté légale est, je le répète, illimité. Tout dépend de l'intérêt et de la volonté des parties : « Les auteurs du Code n'ont eu ni la prétention ni la volonté de prévoir et de régler toutes les conventions légalement possibles ; ils ne traitent que des principales modifications, c'est-à-dire celles qui étaient consacrées par la tradition et qui sont le plus habituellement adoptées » (Duveyrier, *Rapport au Tribunat* ; Locré, t. VI, p. 393 et 427). En fait, il ne s'est d'ailleurs pas produit de clauses nouvelles depuis le Code civil.

En pratique, lorsque les parties font un contrat de mariage, elles adoptent rarement le régime de la communauté légale sans modifications. Pour que ce régime en effet, puisse être adopté sans inconvénient, il faut supposer la réunion de trois conditions : 1° la fortune des époux doit être égale ; 2° elle doit être composée de biens de la même nature en égale quantité ; 3° le chiffre des dettes qui peuvent grever la fortune des époux ne doit pas être plus élevé pour l'un que pour l'autre.

A supposer même que la fortune des deux époux soit égale, si l'un d'eux a une fortune exclusivement immobilière et l'autre une fortune exclusivement mobilière, l'équilibre est rompu. Le mari a-t-il, par exemple, une fortune immobilière de 100,000 francs, et la femme une fortune mobilière de 100,000 francs, la fortune de celle-ci tombe dans la communauté, tandis que celle du mari n'y tombe pas. A la dissolution, le mari prélève ses immeubles, et de plus, la moitié de la communauté; il s'enrichit donc de 50,000 francs aux dépens de la femme. L'inégalité serait encore plus choquante, si le chiffre de la fortune des deux époux était différent.

De même, si l'un des époux, le mari, par exemple, a des dettes, en reprenant l'hypothèse où il a une fortune exclusivement immobilière et la femme une fortune exclusivement mobilière tombant par suite dans la communauté, la fortune de la femme servira à payer les dettes du mari.

C'est pourquoi le Code a prévu dans l'art. 1497 huit clauses modifiant la communauté, auxquelles il faut en ajouter plusieurs autres. Voici comment s'exprime l'art. 1497 : « Les principales modifications sont celles qui ont lieu en stipulant de l'une ou de l'autre des manières qui suivent, savoir :

1° Que la communauté n'embrassera que les acquêts ;

2° Que le mobilier présent ou futur n'entrera point en communauté, ou n'y entrera que pour une partie ;

3° Qu'on y comprendra tout ou partie des immeubles présents ou futurs, par la voie de l'ameublissement ;

4° Que les époux payeront séparément leurs dettes antérieures au mariage ;

5° Qu'en cas de renonciation, la femme pourra reprendre ses apports francs et quittes ;

6° Que le survivant aura un préciput ;

7° Que les époux auront des parts inégales ;

8° Qu'il y aura entre eux une communauté à titre universel. »

Aucune de ces clauses ne modifie la dépendance dans laquelle se trouve la femme sous tous les régimes non exclusifs de communauté. Aucune n'augmente ni ne restreint sa capacité, telle qu'elle résulte des art. 215 et 217. J'écarte en effet, pour le moment, le cas où, tout en adoptant le régime de communauté, la femme se réserve dans son contrat de mariage, le droit d'administrer une partie de ses biens, car cette clause équivaut à une séparation de biens partielle, et j'en étudierai les effets au point de vue de la capacité de la femme dans le chapitre suivant.

Pour démontrer que les diverses clauses de communauté conventionnelle énumérées par le Code n'ont

aucun effet sur la capacité de la femme, il me suffit de
les passer rapidement en revue.

D'une manière générale, les clauses de communauté
conventionnelle se rapportent à deux chefs : les unes
ont pour but de modifier la composition même de la
communauté ; les autres, la liquidation et le partage.
En précisant davantage, on peut les répartir en cinq
classes :

La première comprend deux clauses qui ont pour but
de protéger et d'assurer les reprises des conjoints.
Elles sont prévues par les art. 1434 et 1435. Ce sont
les clauses d'emploi et de remploi. Facultatifs sous le
régime de la communauté, l'emploi et le remploi peuvent devenir obligatoires par l'effet d'une convention
spéciale.

La deuxième classe comprend deux clauses qui ont
pour but de remédier aux inconvénients qui résultent
de la différence dans la composition de la fortune des
époux : ce sont les clauses de réalisation et d'ameublissement (art. 1497-2° et 3°, 1500 et 1505).

Au premier cas, les époux conviennent que le mobilier présent ou futur n'entrera pas dans la communauté ; au second, qu'on comprendra dans la communauté tout ou partie des immeubles présents ou futurs.
Ces clauses n'ont donc pour effet que de rendre propres
à l'un des conjoints des biens qui auraient dû tomber
dans la communauté, ou d'y faire tomber des biens

qui seraient restés propres à l'un des époux ; elles sont sans influence sur la capacité de la femme.

La troisième classe comprend deux clauses qui modifient la composition passive de la communauté, et qui ont pour but de remédier aux inconvénients résultant de ce que l'un des époux peut avoir des dettes au moment du mariage ; ce sont : la clause de séparation de dettes (art. 1597-4° et 1510), et la déclaration de franc et quitte (art. 1513). Au premier cas, chacun des époux payera avec ses biens ses dettes antérieures au mariage ; au second, l'époux se déclare lui-même franc et quitte de toute dette antérieure au mariage, et si sa déclaration est mensongère, ses dettes lui restent propres, sans que le droit des créanciers se trouve modifié, ou bien c'est un tiers qui fait cette déclaration, auquel cas elle a pour effet de valoir, pour l'époux déclaré franc et quitte, une séparation de dettes, et, pour la personne qui l'a faite, d'engager sa responsabilité. Ces deux clauses n'ont donc pas d'autre objet que de faire supporter par les époux des dettes qui seraient tombées dans la communauté ; elles ne modifient en rien la capacité de la femme.

La quatrième classe comprend trois clauses qui modifient les règles relatives à la fois à la composition active et à la composition passive de la communauté. Ce sont : la clause de communauté réduite aux acquêts (art. 1497-1° et 1498), la clause d'apports (art. 1501) et la clause de communauté universelle (art. 1497-8° et 1526). La communauté réduite aux acquêts qui est une des combinaisons les plus équitables des règles de la communauté légale ou conventionnelle et qui a par suite une grande importance pratique, est un régime composé à la fois d'une clause de réalisation générale et d'une clause de séparation de dettes. L'actif et le passif mobilier de chaque époux, antérieurs au mariage, ne tombent pas dans la communauté qui comprend seulement les biens acquis à titre onéreux par le travail, par l'économie pendant le mariage ; elle a de plus l'usufruit de tous les propres. Quant aux dettes, elle ne comprend que les charges de famille, les dépenses d'entretien et les dettes de jouissance des propres. Quant à la clause d'apports, elle indique quels sont les biens que l'époux met dans la communauté, les autres lui restent propres ; elle vaut réalisation des meubles dans la partie de la fortune de l'époux qui excède l'apport promis et elle entraîne exclusion partielle des dettes dans la mesure nécessaire pour ne pas diminuer l'apport promis. Enfin, la clause de communauté universelle a pour effet de faire tomber dans la communauté tous les biens présents et à venir des époux, et de supprimer par là même toute la théorie des reprises. Elle peut, d'ailleurs, ne comprendre que les biens présents ou que les biens à venir. Par là même, au point de vue passif, toutes les dettes tombent en principe dans la communauté. Ces trois clauses n'ont donc pour objet toutes les trois que de remédier aux inconvénients résultant de l'inégalité de fortune des époux, ou de la différence de composition des patrimoines ou de l'existence des dettes ; elles n'ont aucune influence sur la capacité de la femme.

La cinquième classe enfin comprend des clauses qui modifient simplement les conditions de la liquidation de la communauté ; ce sont : 1° les clauses de préciput (art. 1497-6° et 1515); 2° la stipulation de franche et quitte (art. 1497-5° et 1514); 3° la clause de partage inégal (art. 1497-7° et 1511); 4° le forfait de communauté (art. 1522).

Les époux peuvent, en effet, convenir que le survivant prélèvera sur la communauté telle somme avant tout partage, ou que la femme renonçante reprendra les meubles qui sont tombés de son chef dans la communauté, ou que le mari ou la femme prendront des parts différentes; par exemple, l'un d'eux aura les deux tiers et l'autre un tiers seulement des biens de la communauté, ou que le survivant ou tel époux s'il survit aura toute la communauté, ou bien encore décider que l'un des époux ou ses héritiers ne pourront prétendre qu'à une certaine somme pour tout bien de communauté. Toutes ces clauses ont donc toujours pour but de parer aux mêmes inconvénients, et celles-ci, moins encore s'il est possible que les autres, n'ont aucune influence sur la capacité de la femme.

SECTION III

DU RÉGIME SANS COMMUNAUTÉ

Bien que le régime sans communauté soit absolument différent des régimes de communauté légale ou conventionnelle, je ne lui consacre pas un chapitre spécial pour cette double raison, qu'en fait, les époux adoptent rarement ce régime, et qu'en droit, au point de vue de l'influence qu'il peut avoir sur la capacité de la femme, il ne présente aucun caractère particulier. Plus encore que le régime de communauté, il place la femme dans un état de dépendance absolue. Incapable d'ester en justice, d'aliéner, d'hypothéquer, d'acquérir et de s'obliger sans autorisation de son mari ou de justice, encore les effets de l'autorisation de justice sont-ils plus restreints, la femme n'a l'administration d'aucun de ses biens; elle n'en a pas même la jouissance. Voici, en effet, les principales règles de ce régime matrimonial (art. 1530 et suiv.) : Les époux conservent chacun la propriété de leurs biens; les dettes dont ils peuvent être tenus, soit au moment du mariage, soit pendant le mariage, leur restent propres; le mari a, à titre de dot, l'usufruit de tous les biens de la femme; il en a la jouissance et l'administration. Par suite, le mari est tenu de toutes les charges de l'usufruit.

La femme n'a pas d'autre droit au cours du mariage

que de demander la séparation de biens si la mauvaise
administration du mari est de nature à compromettre
sa dot, et à la dissolution de reprendre sa dot sans
profiter des économies que le mari aurait réalisées au
cours du mariage. Ce régime est donc celui de tous
qui est le plus avantageux pour le mari, en même
temps qu'il place la femme dans une très grande dépendance. Il est vrai que l'art. 1534 permet aux parties de convenir dans leur contrat de mariage que la
femme touchera annuellement, sur ses seules quittances, certaines portions de ses revenus pour son entretien et ses besoins personnels, ce qui a pour effet de
pallier aux inconvénients que je viens de signaler et de
diminuer, dans une faible mesure, l'incapacité dont la
femme se trouve frappée.

Ainsi le régime sans communauté ressemble beaucoup au régime dotal, avec cette différence que les
biens dotaux ne sont pas frappés d'inaliénabilité. Malgré
cela, je déciderai qu'en cas de doute, il faut appliquer
les règles du régime de la communauté, et non celles
du régime dotal ; par exemple, j'admettrai que le mari
n'a pas, comme sous le régime dotal, l'exercice de
l'action pétitoire relativement aux biens dotaux (article 1549), et que la femme qui s'oblige avec l'autorisation de son mari l'oblige en même temps comme sous
le régime de la communauté (art. 1419). Le régime
sans communauté vient, en effet, comme le régime de
communauté, des pays coutumiers ; la place qu'il oc-

cupe dans le Code montre que le législateur a entendu se référer aux règles de la communauté légale, qui est le régime de droit commun; enfin le projet du Code qui admettait ce régime ne mentionnait pas le régime dotal (Laurent, t. XXIII, n° 413; Colmet de Santerre, t. VI, p. 444, n° 205 *bis*. *Contra*, Rodière et Pont, t. III, p. 578, n°ˢ 2067 et suiv.).

CHAPITRE IV

DE LA CAPACITÉ DE LA FEMME MARIÉE SOUS LE RÉGIME DE LA SÉPARATION DE BIENS, CONVENTIONNELLE OU JUDICIAIRE.

Ainsi que je l'ai déjà remarqué, la capacité de la femme mariée, bien qu'en général elle soit indépendante du régime matrimonial adopté par les époux, peut être augmentée dans une grande mesure toutes les fois qu'elle a le droit d'administrer ses biens personnels. C'est sous le régime de la séparation de biens que la femme conserve la capacité la plus large et l'indépendance la plus grande. C'est l'étude de cette capacité qui fera l'objet de ce chapitre. Je rappelle, au surplus, que les règles que j'exposerai, sont, en principe, applicables dans tous les cas où la femme a l'administration de ses biens personnels : c'est ce qui a lieu sous le régime dotal, quant aux paraphernaux (article 1576), et sous tous les régimes, quant aux biens

dont elle s'est réservé la jouissance et l'administration.

Le sujet tout entier de ce chapitre est renfermé dans
la combinaison des deux art. 217 et 1449. L'art. 1449
dit, en effet : « La femme séparée, soit de corps et de
biens, soit de biens seulement, en reprend la libre
administration. — Elle peut disposer de son mobilier
et l'aliéner. — Elle ne peut aliéner ses immeubles sans
le consentement du mari, ou sans être autorisée en justice à son refus. » L'art. 217 dit, au contraire : « La
femme, *même non commune ou séparée de biens*, ne
peut donner, aliéner, hypothéquer, acquérir, à titre
gratuit ou onéreux, sans le concours du mari dans
l'acte ou son consentement par écrit. » La combinaison
de ces deux articles, qui, à première vue, semblent
contradictoires, n'est pas facile : les difficultés et les
controverses abondent sur les points de détail. Le
principe qui doit guider l'interprète dans leur solution,
me semble être le suivant : la loi confère à la femme
séparée de biens le droit de faire, sans autorisation,
tous les actes que nécessite *la libre et entière administration de ses biens*; elle atténue l'incapacité dont elle
est frappée, mais elle ne la supprime pas complètement, et, en général, elle lui interdit de faire seule tous
les actes qui excèdent les limites d'une large administration. Il ne fallait pas, en effet, soumettre la femme
séparée de biens à la nécessité d'une autorisation,
toujours gênante, pour les actes les moins importants;

et, d'un autre côté, le mari, restant toujours le chef du ménage intéressé à ce que la femme ne se dépouille pas inconsidérément de biens qui peuvent être la principale ressource des époux et des enfants, il importait de maintenir la nécessité de l'autorisation pour les actes de disposition. Les rédacteurs du Code ont-ils toujours été bien inspirés? Ont-ils fait une part assez large à la femme? Peut-être est-il permis d'en douter, pour le cas surtout où la séparation de biens est l'accessoire de la séparation de corps!

Avant d'entrer dans l'examen détaillé des difficultés que le sujet comporte, une première question se présente. Faut-il distinguer entre la séparation de biens contractuelle et la séparation de biens judiciaire? La capacité que celle-ci confère à la femme, est-elle plus étendue que dans le premier cas? MM. Rodière et Pont ont soutenu que la femme, séparée de biens judiciairement, avait seule le droit d'aliéner son mobilier sans autorisation. L'art. 217 est la règle, l'art. 1449 y apporte une exception pour la femme séparée de biens judiciairement, l'art. 1536 ne la reproduit pas pour la femme séparée contractuellement; toutefois, ils admettent qu'une clause spéciale du contrat de mariage peut donner ce droit à la femme.

Cette opinion est communément rejetée : la plupart des auteurs sont d'accord pour décider que l'art. 1536 sous-entend le droit pour la femme séparée contractuellement d'aliéner son mobilier sans autorisation.

Les motifs de décider sont en effet les mêmes dans les deux cas; on pourrait peut-être même dire que c'est surtout en cas de séparation judiciaire qu'il serait utile d'exiger l'autorisation du mari ou de justice, le mauvais état des affaires demandant une surveillance plus active. Au surplus, la loi considère le droit de disposer du mobilier comme une conséquence du droit d'administrer qu'elle donne à la femme, et l'art. 1538 lui défend seulement d'aliéner ses immeubles sans autorisation (Paris, 11 mars 1811, D. 1812, 2, 21; Demolombe, IV, n° 148).

Je me propose maintenant d'examiner, d'une part, quels sont les actes que la femme séparée de biens peut faire sans autorisation, et d'autre part, quels sont ceux pour lesquels la nécessité de l'autorisation subsiste.

SECTION PREMIÈRE

DES ACTES QUE LA FEMME SÉPARÉE DE BIENS PEUT FAIRE SANS AUTORISATION

La séparation de biens a pour effet de donner à la femme le droit de faire seule les actes qui, d'après l'usage général et les dispositions mêmes de la loi, sont considérés comme des actes d'administration.

L'art. 1449 dit que la femme séparée judiciairement reprend la *libre administration* de ses biens, et l'art. 1536 dit que la femme séparée contractuellement en conserve l'*entière administration*. L'art. 484, au contraire, ne permet au mineur émancipé que les actes de *pure administration*. Il faut donc en conclure qu'il n'y a pas analogie complète entre leurs deux situations, bien que cette thèse ait été soutenue. Indépendamment des expressions différentes que la loi a employées, les motifs ne sont pas les mêmes. Le mineur émancipé est incapable à raison de son âge et de son inexpérience des affaires ; la femme mariée est incapable à raison du mariage et de la puissance maritale, dont la séparation de biens a précisément pour but de l'affranchir en partie tout au moins. Toutefois, la loi ne s'étant pas expliquée dans les détails, il faudra dans beaucoup de cas, s'en rapporter à son esprit. Tout ce que l'on peut dire, c'est qu'il faut, en principe, reconnaître à la femme séparée de biens, le droit de faire seule tout acte pouvant rentrer dans les limites d'une administration largement entendue.

De ce que la femme séparée a un semblable droit d'administration, il faut conclure qu'elle peut, sans autorisation :

1° *Toucher ses revenus*, poursuivre le remboursement de ses capitaux, donner valable quittance, et même consentir la mainlevée d'une inscription hypothécaire prise pour leur sûreté, ce que ne pourrait pas faire un mineur émancipé (Grenoble, 23 août 1867 ; Dev. 1868, 1, 285 ; Civ. cass., 25 janvier 1826, 1, 463) ;

2° *Payer ses dettes* et accomplir ses obligations vala-

blement consenties, fussent-elles même naturelles
(Paris, 12 mai 1859; Sir., 59, 2, 561);

3° *Placer ses capitaux* et les économies faites sur ses
revenus, soit sur l'Etat, soit en actions dans une société,
soit sur des particuliers, avec ou sans hypothèque,
pourvu qu'il n'en résulte à sa charge aucune obligation personnelle ;

4° *Consentir la conversion de titres* au porteur en titres
nominatifs et réciproquement ;

5° *Consentir des baux*, à la condition toutefois que le
bail puisse être considéré comme un acte d'administration, c'est-à-dire que sa durée n'excède pas neuf
années, conformément à la théorie générale du Code
civil en cette matière (Aubry et Rau, V, § 516;
Laurent, XXII, n° 294; Rodière et Pont, III, 2189).
Toutefois, les règles des art. 595, 1429, 1438 et 1718
ne s'appliquant que par analogie, il est équitable de
laisser aux magistrats une latitude d'appréciation à cet
égard (Demolombe, IV, n° 154; Nîmes, 12 juin 1821 ;
Sir., 22, 2, 138). Si le bail est fait pour plus de neuf
ans, la femme, le mari ou leurs héritiers pourront seuls
se prévaloir du défaut de capacité de la femme, conformément à l'art. 225 ; le preneur n'en aura pas le droit
(Paris, 24 décembre 1859; Dal., 1860, 5, 350).

6° *Disposer de son mobilier*. — L'art. 1449 lui reconnaît expressément ce droit, sans distinguer entre
les meubles corporels et les meubles incorporels, tels
que les créances, obligations, actions, rentes sur l'État

10

(art. 535). Elle peut donc céder et transporter ses créances, comme elle peut aliéner ses meubles corporels (Tribunal de la Seine, 9 juillet 1872; Dalloz, 1872; 3, 96). Mais dans quelle limite l'art. 1449 donne-t-il à la femme séparée de biens le droit d'aliéner ses meubles sans autorisation? Sur ce point, les auteurs et la jurisprudence sont très divisés.

Dans un premier système, on considère ce droit donné à la femme comme *une conséquence et un moyen de son droit d'admistration*, d'où l'on conclut qu'il lui est accordé seulement dans cette limite. L'art. 217, dit-on, pose la règle et décide que la femme même non commune ou séparée de biens ne peut donner, aliéner, hypothéquer, acquérir à titre gratuit ou onéreux, sans l'autorisation de son mari. Or, il est inadmissible de soutenir que le législateur, après avoir dit que la femme séparée ne peut aliéner, se contredise dans l'art. 1449. Il faut donc concilier ces deux dispositions et voir dans l'art. 1449 une exception au principe de l'art. 217. Le premier alinéa de l'art. 1449, qui est sa disposition principale, a pour but de concéder à la femme la libre administration de ses biens; le second alinéa n'est que la suite et le développement du premier; dès lors il ne faut pas étendre l'exception qu'il édicte, et par suite il faut conclure qu'il permet à la femme d'aliéner son mobilier seulement pour cause d'administration. La jurisprudence semble consacrer cette doctrine; un arrêt de la cour de Paris du 27 novembre 1857 la quali-

fie même d'évidente. Toutefois, les auteurs qui soutiennent ce système y apportent, en général, un tempérament dans l'intérêt des tiers, vu la difficulté, l'impossibilité même, dans laquelle ils se trouvent le plus souvent de vérifier les causes de l'aliénation que la femme
fait de ses meubles. Ils accordent dès lors aux tribunaux un certain pouvoir discrétionnaire, en raison de
la sécurité et de la bonne foi des tiers qui ont traité
avec la femme (Demolombe, IV. n° 155 ; Marcadé, sur
l'art. 1449 ; Cassation, 5 mai 1829, 7 décembre 1830,
3 janvier 1831 ; Rapp. dans Dalloz, *Rép. Contrat de
mariage*, n° 1971; Paris, 12 mai 1859; Sir., 59, 2, 561).

Quelque bien fondé que puisse paraître l'argument
tiré de la combinaison des deux art, 217 et 1449, je
crois que ce système ne doit pas être suivi, et qu'il
faut reconnaître à la femme séparée de bien le *droit de
disposer librement de son mobilier*. Le texte de l'art. 1449
ne fait, en effet, aucune distinction : non seulement
il n'y a rien dans la loi qui restreigne le pouvoir donné
à la femme d'aliéner son mobilier ; mais encore le législateur a pris soin de dire que la femme pouvait *disposer
de son mobilier et l'aliéner*, accumulant deux expressions, pour mieux marquer le plein pouvoir qu'il donne
à la femme. L'art. 1449 contient deux dispositions distinctes : l'une est relative au droit d'administration,
l'autre au droit de disposition. La première donne à la
femme séparée le droit d'administrer librement ses
biens personnels, la seconde fait une distinction : elle

lui donne le droit d'aliéner son mobilier, mais elle lui défend d'aliéner ses immeubles sans autorisation. Il y a donc une double dérogation à la règle posée par l'art. 217, l'une relative au droit d'administrer, l'autre relative au droit de disposer du mobilier. D'ailleurs, comment pourrait-il en être autrement? Comment pourrait-on soumettre les tiers, qui veulent traiter avec la femme séparée de biens, à l'obligation de rechercher les motifs qui lui font aliéner son mobilier. C'est ce qu'ont bien compris les partisans du premier système qui donnent aux tribunaux le droit d'apprécier si l'aliénation consentie par la femme rentre ou non dans les limites du droit d'administration, en prenant en considération la bonne foi des tiers, et en tenant compte des circonstances. Il y a là une appréciation plus ou moins arbitraire, à laquelle il est difficile de souscrire. Tout ce qui serait admissible serait de décider que les aliénations pourraient être annulées si les habitudes de dissipation de la femme étaient notoires, auquel cas les tiers devraient être considérés comme ayant agi de mauvaise foi (Aubry et Rau, V, § 516 ; Colmet de Santerre, VI, n° 201 *bis*, III; Laurent, XXII, n° 301; Lyon, 18 juin 1847 ; Sir., 48, 2, 98; Tribunal de la Seine, 9 juillet 1872; Dal., 72, 3, 96).

La solution que je donne à cette question ne préjuge pas la solution à donner à la question de savoir si la femme séparée de biens peut s'obliger sur son mobilier autrement que pour cause d'administration.

L'assimilation entre l'aliénation directe et l'aliénation indirecte ne peut, en effet, être faite. A la différence de celui qui s'oblige, celui qui aliène se dépouille immédiatement : l'aliénation directe, suivant l'expression de M. Demolombe, porte en elle-même sa peine et sa leçon.

7° *Transiger* sur les difficultés relatives à ses droits mobiliers. L'art. 2045 du Code civil dit que pour transiger il faut avoir la capacité de disposer des objets compris dans la transaction. Or la femme séparée a le droit de disposer de son mobilier et de l'aliéner.

8° *Procéder au partage d'une succession mobilière* à laquelle elle est appelée ;

9° *Faire au comptant toutes espèces d'acquisitions* mobilières ou immobilières, non seulement au moyen de ses économies, mais encore avec les deniers provenant de la rentrée de ses capitaux. Pour les acquisitions de meubles, il n'y a pas de difficulté pourvu que la femme ne s'oblige pas pour acquérir; mais il y a doute quant aux acquisitions d'immeubles. L'art. 217, dit-on, défend à la femme même séparée de biens d'acquérir à titre gratuit ou onéreux sans autorisation. Or, l'article 1449 ne fait aucune exception à l'art. 217, en ce qui concerne la faculté d'acquérir. Donc la femme même séparée ne peut acquérir des immeubles sans autorisation. Cette objection semble irréfutable ; en réalité elle n'est pas fondée. Sans doute la femme séparée de biens aura besoin d'une autorisation toutes

les fois qu'elle s'obligera pour acquérir ; mais telle
n'est pas l'hypothèse. Au fond il s'agit d'un acte d'administration que l'art. 1449 lui reconnaît le droit de
faire. Elle emploie ses économies ou ses capitaux
actuellement disponibles, elle fait un placement de ses
fonds, elle n'a besoin pour cela d'aucune autorisation.
Tout le monde reconnaît au surplus qu'elle peut acquérir des meubles, des titres de rente, des créances, des
actions, sans autorisation. Dès lors, pourquoi lui refuser le droit d'acquérir un immeuble dans ces conditions, surtout si l'on tient compte de l'esprit général du
Code civil qui est de montrer en toute circonstance une
prédilection marquée pour les immeubles (Demolombe
IV, n° 157; Aubry et Rau, V, § 516 ; Colmet de Santerre, VI, n° 101 *bis* II).

SECTION II

DES ACTES QUE LA FEMME SÉPARÉE DE BIENS NE PEUT PAS FAIRE SANS AUTORISATION

Si la séparation de biens donne à la femme le droit
d'administrer ses biens, et de faire tous les actes nécessaires à cette administration, elle n'en laisse pas
moins subsister le mariage et les obligations qui en
naissent. La femme séparée reste soumise à la puissance maritale et reste incapable de faire un très grand
nombre d'actes sans autorisation. C'est pourquoi l'article 217 dit que la femme même séparée de biens ne

peut donner, aliéner, hypothéquer, acquérir à titre gratuit ou onéreux sans le concours du mari dans l'acte ou son consentement par écrit. D'ou il résulte que la femme séparée de biens ne peut sans autorisation :

1° *Ester en jugement* (art. 215 et 216). Quand même le procès s'élèverait au sujet d'un acte d'administration. Toutes les règles énoncées au chapitre premier à cet égard sont applicables à la femme séparée de biens.

2° *Compromettre* même sur des difficultés relatives à l'administration de ses biens et à son mobilier. Toutefois la thèse contraire a été soutenue. L'art. 1003 du Code de procédure, a-t-on dit, porte que toutes personnes peuvent compromettre sur les droits dont elles ont la libre disposition. Or, l'art. 1449 donne à la femme séparée le droit d'administrer ses biens et d'aliéner son mobilier. Si elle ne peut plaider, cela tient à l'autorité maritale, il y a une raison de convenance, tandis que le droit de compromettre dérive uniquement du droit d'aliéner (Boitard, *Leçons de procédure civile*, t. II, n° 1178). — Mais cette théorie est inexacte, car l'article 1004 du Code de procédure défend de compromettre sur les contestations sujettes à communication au ministère public, et l'art. 83 déclare communicables les causes des femmes mariées non autorisées de leur mari (Demolombe, IV, n° 160; Laurent, XXII, n° 323).

3° *Aliéner ses immeubles ou les hypothéquer* (art. 217). — L'art. 1449 le lui défend formellement, et l'article 1538 répète cette prohibition. Ce principe s'ap-

plique à toutes constitutions de droits réels, car au
fond elles sont de véritables aliénations partielles.
Quant à l'hypothèque, l'art. 2124 dit de plus que,
pour constituer une hypothèque valable, il faut avoir
la capacité d'aliéner l'immeuble hypothéqué. Il y a là
un résultat bizarre : la femme ne peut pas aliéner ses
immeubles sans autorisation, tandis qu'elle peut aliéner ses meubles, quelque considérable que soit leur
valeur. Mais ce résultat n'est pas spécial à cette matière. Jadis, en effet, la différence entre la richesse
mobilière et la richesse immobilière était énorme, et
le Code a subi l'influence du vieil adage : *vilis mobilium possessio*. Sur ce point, la loi n'est plus d'accord
avec notre état social ;

4° *Acquérir à titre onéreux* lorsqu'il ne s'agit pas d'un
placement de fonds actuellement disponibles (art. 217,
1449);

5° *Accepter une donation entre vifs* ou plus généralement acquérir à titre gratuit (art. 217, 934). — Ces
articles ne distinguent pas si elle s'oblige ou non en
acceptant la donation ; les bonnes mœurs exigent, pa-
raît-il, l'intervention du mari ;

6° *Disposer de ses biens à titre gratuit.* — Bien que les
expressions de l'art. 1449 « *disposer et aliéner* »
semblent accorder à la femme le droit de disposer de
son mobilier à titre gratuit, on est d'accord pour le lui
refuser. Indépendamment de la règle générale édictée
par l'art. 217, l'art. 905 défend à la femme ma-

riée de faire une donation si elle n'est autorisée de son mari ou de justice. Le motif de convenance qui a fait édicter cette disposition s'applique aussi bien aux donations mobilières qu'aux donations immobilières (Aubry et Rau, V, § 516 ; Colmet de Santerre, VI, n° 101 *bis*, IV ; Laurent, XXII, n° 307).

Il faut conclure, de cette prohibition, que la femme ne peut pas faire, indirectement, ce que la loi lui défend de faire directement. C'est ainsi que les tribunaux doivent prononcer la nullité d'un prêt ou de tout autre acte qui déguiserait une libéralité (Paris, 29 janvier 1874 ; Dal., 74, 2, 224).

7° *S'obliger*, *même sur son mobilier*, autrement que pour cause d'administration de ses biens. Il est bien certain que la femme, séparée de biens, peut s'obliger sur son mobilier pour cause d'administration : la loi, lui permettant de faire, sans autorisation, les actes d'administration, lui donne, par là même, le droit de s'obliger quand elle administre. Mais là s'arrête son droit. Ce dernier point n'est pas, cependant, universellement admis. Plusieurs auteurs, et un certain nombre d'arrêts, décident que la femme, séparée de biens, peut s'obliger valablement, lors même que ses engagements ne résulteraient pas d'actes d'administration, seulement, ses engagements ne pourront être exécutés que sur son mobilier et le revenu de ses immeubles. L'article 1449, dit-on, donne à la femme, séparée de biens, le droit de disposer de son mobilier et de l'aliéner, sans

qu'elle ait besoin d'autorisation. Or, si elle peut l'a-
liéner directement, on doit en conclure qu'elle peut le
faire indirectement, et, par suite, qu'elle peut s'obliger
sur son mobilier pour quelque cause que ce soit. La
Cour de cassation consacra d'abord cette doctrine par
l'arrêt de rejet du 16 mars 1813 (Sir., 14, 1, 160), et
par l'arrêt de cassation du 18 mai 1819 (Sir., 19,
1, 339), « attendu, dit le premier de ces arrêts, qu'aux
termes de l'art. 1449, la femme étant autorisée, comme
séparée de biens, à disposer de son mobilier et à l'a-
liéner, elle a pu, par une conséquence naturelle, s'o-
bliger jusqu'à concurrence dudit mobilier. »

Il y a là une véritable erreur. Il ne faut pas conclure
du droit qu'a la femme séparée d'aliéner son mobilier, qu'elle a le droit de s'obliger sur ce mobilier en
dehors des actes d'administration. L'assimilation entre
l'aliénation directe et l'aliénation indirecte, ne peut
être faite. L'aliénation, en effet, est *tout acte par lequel
la femme se dépouille immédiatement* d'un de ses biens ;
per quem dominium transfertur, dit la loi 1, au Code,
De fundo dotali ; la femme n'aliénera qu'autant qu'elle
y trouvera un avantage évident, ou qu'elle y sera forcée
par la nécessité. En s'obligeant, au contraire, la femme
ne se dépouille d'aucun de ses biens, et, si elle sait
que le créancier non payé aura le droit de saisir son
mobilier, elle espère toujours pouvoir le rembourser.
Il y a là un danger qu'il fallait prévoir, et que la loi a

prévu (Colmet de Santerre, VI, n° 101 *bis*, VII et XII ; Laurent, XXII, n° 310).

C'est pourquoi la loi a pu autoriser l'aliénation directe et défendre l'obligation qui favorise les illusions. De plus, l'aliénation n'est possible qu'à l'égard du mobilier actuel, sans quoi elle serait nulle faute d'objet (art. 1101 et 1128) ; l'obligation personnelle, au contraire, engage tous les biens présents et futurs (article 1092). C'est sous l'influence d'idées analogues, qu'en droit romain la loi Julia permettait au mari d'aliéner le fonds dotal avec le consentement de la femme, tandis que la jurisprudence n'admettait pas qu'il pût l'hypothéquer, même avec le consentement de la femme.

Aujourd'hui la Cour de cassation a abandonné son ancienne doctrine depuis l'arrêt du 12 février 1828 : mais elle est allée trop loin. Continuant à confondre le droit d'aliéner et le droit de s'obliger, elle ne s'est pas contentée de juger que la femme ne pouvait s'obliger que dans les limites de son pouvoir d'administration, elle a décidé, en même temps, qu'elle ne pourrait aliéner son mobilier que dans les mêmes limites.

Il résulte de tout ce qui précède, qu'il faut décider que la femme, séparée de biens, ne peut pas s'obliger sans autorisation même sur son mobilier, pour une cause étrangère à l'administration de sa fortune. La règle, en effet, se trouve toujours dans l'art. 217, qui défend à la femme mariée, même séparée de biens, de s'obliger sans l'autorisation de son mari. L'art. 1449 n'a dérogé à ce principe que pour les actes d'administration, et s'il donne à la femme le droit d'aliéner son mobilier, même au delà de cette limite, il ne faut pas en conclure qu'il lui reconnaît, par là même, le droit de s'obliger valablement sur ce mobilier, quelle que soit la cause de son obligation (Laurent, XXII, n° 310 ; Cp., Aubry et Rau, V, § 516 ; Demolombe, IV, n° 163 ; Civ., rejet, 12 février 1828 ; Sir., 28, 1, 356 ; Req., rejet, 18 mars 1829 ; Sir., 29, 1, 423 ; Civ., Cassation, 7 décembre 1830 ; Sir., 31, 1, 22 ; Civ., Cassation, 3 janvier 1831 ; Dal., 31, 1, 260 ; Civ., rejet, 30 décembre 1862 ; Sir., 63, 1, 257 ; Paris, 12 mai 1859 ; Sir., 59, 2, 561).

Si la femme séparée n'a le droit de s'obliger que pour les besoins de son administration, quand pourra-t-on dire que l'obligation contractée par elle est relative à cette administration ? Le principe est qu'il faut examiner si l'acte juridique à l'occasion duquel elle s'est obligée est ou non un acte d'administration. En fait, il reste une difficulté d'appréciation que les juges trancheront suivant les circonstances de la cause. Dans tous les cas, la déclaration faite par la femme qu'elle s'oblige pour les besoins de son administration ne saurait être considérée comme suffisante (Rejet, 18 mars 1829).

Il importe peu, du reste, de rechercher si l'acte fait par la femme est un acte de bonne et sage administration. Par cela seul que l'art. 1449 lui donne le droit d'administrer, il lui reconnaît le pouvoir de mal faire comme de bien faire. Quand la loi a voulu que les actes d'un administrateur puissent être attaqués s'ils ne sont pas sages et prudents, elle a pris soin de le dire. C'est ainsi que l'art. 484 décide que les obligations con-tractées par voie d'achats ou autrement par un mineur émancipé seront réductibles en cas d'excès. Or, il n'y a relativement à la femme séparée de biens aucun texte analogue à l'art. 484 (Colmet de Santerre, t. VI, n° 101 *bis*, IX ; Laurent, XXII, n° 303). Toutefois, il a été jugé que « les termes de l'art. 1449 doivent s'entendre en ce sens que la disposition que ferait la femme de son mobilier serait renfermée dans de justes limites » (Rejet, 21 août 1839).

Du principe que la femme séparée de biens ne peut s'obliger même sur son mobilier, autrement que pour cause d'administration de ses biens, découlent de nom-breuses conséquences, notamment les suivantes : la femme séparée de biens ne pourra pas sans autori-sation :

1° *Accepter une succession.* — Le Code ne considère pas, en effet, l'acceptation d'une succession comme un acte d'administration (art. 461). De plus, l'acceptation pure et simple oblige l'héritier à payer indéfiniment les dettes du défunt, et, si l'acceptation bénéficiaire empêche ce résultat, elle n'en constitue pas moins l'héritier comptable et responsable vis-à-vis des créanciers et légataires ;

2° *Emprunter*, si ce n'est pour cause d'administration de ses biens. Un emprunt peut être fait pour les nécessités de l'administration ou pour d'autres causes. Il y a dès lors lieu de faire une distinction. S'agit-il d'un emprunt fait pour le premier de ces motifs, il sera valable, car l'emprunt peut alors constituer un acte de très bonne gestion, indispensable pour permettre à la femme l'administration de ses biens. C'est en vain qu'on objecterait que la loi ne considère jamais l'emprunt comme un acte d'administration, lorsqu'il s'agit d'un tuteur ou d'un mineur émancipé (art. 457 et 484) : la situation n'est pas la même. Le tuteur administre la fortune d'autrui ; quant au mineur émancipé, s'il est incapable, c'est à raison de son âge et de son inexpérience ; or ces motifs ne s'auraient s'appliquer à la femme séparée de biens. S'agit-il, au contraire, d'un emprunt fait pour tout autre motif, il est nul en vertu du principe général qui défend à la femme de s'obliger en dehors des besoins de son administration. L'emprunt est, en effet, l'acte le plus dangereux et celui qui entretient les plus grandes illusions. Il y a lieu, dès lors, d'apprécier la situation générale des affaires de la femme, et la réalité du besoin en vue duquel l'emprunt est fait. C'est pourquoi les tiers feront bien dans la plupart des cas d'exiger l'autorisation

(Laurent, XXII, n° 317 ; Colmet de Santerre, VI, n° 101 *bis*, X) ;

3° *Placer ses capitaux en rente viagère ou acquérir un usufruit.* — Sur ce point, toutefois il y a controverse. Beaucoup d'auteurs reconnaissent ce droit à la femme, car, disent-ils, elle a des pouvoirs beaucoup plus étendus qu'un administrateur. Bien que l'acquisition d'une rente viagère emporte aliénation du capital qui en forme le prix, elle n'en est pas moins un placement de fonds ; or aucune disposition de loi n'impose à la femme l'obligation de faire un emploi déterminé de ses capitaux (Aubry et Rau, V, § 516 ; Laurent, XXII, n° 298 ; Paris, 17 mai 1834 ; Sir., 34, 2, 280 ; Tribunal de la Seine, 3 février 1869 ; Dal., 71, 3. 109). — Malgré cela, il me semble difficile de reconnaître ce droit à la femme séparée de biens. Une semblable opération présente des dangers trop considérables pour croire qu'elle soit permise par le Code (Paris, 13 décembre 1866 ; *Gaz. des Trib.* du 16 janvier 1867 ; Demolombe, IV, n° 158).

4° *Jouer à la Bourse avec ses capitaux.* — C'est en vain qu'on objecterait que jouer à la Bourse c'est vendre et non s'obliger, et que la femme séparée de biens a le droit d'aliéner son mobilier pour quelque cause que ce soit. Ce n'est pas là, en effet, ce que la loi a voulu permettre en donnant à la femme le droit d'aliéner son mobilier : jouer à la Bourse constitue moins une aliénation qu'une spéculation et la plus dangereuse de toutes. C'est donc avec raison que la Cour de cassation a décidé que la femme n'avait pas le droit de se livrer à de semblables spéculations (Rejet 30 décembre 1862 ; Dal, 63, 1, 40).

5° *Contracter une société en commandite.* — Les engagements de l'associé excèdent, en effet, la limite étroite de l'administration (Paris, 19 janvier 1838).

6° *S'engager pour un tiers en se portant caution.* — Il s'agit là, en effet, d'un acte qui est complètement en dehors de la limite dans laquelle la loi permet à la femme de s'obliger. Il faut donc lui refuser ce droit d'une façon absolue. C'est ainsi qu'il a été jugé avec raison que la femme séparée de biens ne peut cautionner la dette d'un tiers sous forme d'aval, alors qu'elle n'a aucun profit à tirer des valeurs à raison desquelles le tiers s'est obligé (Poitiers, 3 février 1858 ; Dal., 59, 2, 72).

Il résulte de tout ce qui précède que la femme séparée de biens ne peut pas s'obliger pour une autre cause que l'administration de ses biens, si elle n'est pas autorisée. Mais une nouvelle question se présente. Une femme séparée de biens a contracté une obligation dans les limites permises par la loi ; sur quels biens ses créanciers non payés peuvent-ils agir pour obtenir leur payement ? Cette question est controversée.

Il a été soutenu et même jugé que ses créanciers ne peuvent saisir et faire vendre que son mobilier, et non ses immeubles (Châlons-sur-Saône, 29 novembre

1865; *Gaz. des Trib.* du 8 décembre). — Si, en effet,
a-t-on dit, l'obligation consentie par la femme était
exécutoire sur ses immeubles, il en résulterait qu'elle
pourrait ainsi indirectement les aliéner sans autorisation, ce qui serait contraire au texte de l'art. 1449 lui-
même. Mais cette opinion n'est pas fondée. Elle se
heurte au principe : qui s'oblige oblige le sien, principe expressément rappelé dans l'art. 2092. Du moment que les immeubles de la femme ne sont pas frappés d'inaliénabilité, les obligations valablement consenties par elle les engagent, sans qu'il y ait lieu de
distinguer entre les obligations pour lesquelles l'autorisation du mari ou de justice est exigée, et celles
qu'elle contracte valablement sans autorisation (Aubry et Rau, V, §, 516; Demolombe, IV, n° 161 ; Laurent, XXII, n° 314.

Avant de terminer ce chapitre consacré à la femme
séparée de biens, il me reste à indiquer plutôt qu'à
développer deux questions qui peuvent, dans une certaine mesure, se rattacher à la théorie de l'incapacité
de la femme mariée, bien qu'elles soient plutôt des
questions de contrat de mariage. Il s'agit de savoir:

1° Si on peut donner ou léguer des biens à une
femme mariée, à condition qu'elle seule en aura l'administration, si le régime matrimonial ne lui donne
pas déjà le droit d'administrer.

2° Si la femme séparée de biens a une capacité telle
que le mari ne conserve aucun droit de surveillance ou

11

de contrôle, ou bien, au contraire, s'il ne peut pas demander à la justice que la femme soit tenue, suivant les circonstances de prendre certaines précautions.

La première question, bien qu'elle soit controversée, est généralement résolue par l'affirmative, et je crois que c'est avec raison. C'est en vain, qu'on objecterait que le donateur ou le testateur ne peut pas régler lui-même la conduite du donataire ou du légataire, qu'une semblable clause doit être nulle, conformément à l'article 900, que les conventions matrimoniales ne peuvent recevoir aucun changement après la célébration du mariage, que la puissance maritale étant d'ordre public, on ne peut y déroger. Ces objections ne portent pas (Demolombe, IV, n° 171). La jurisprudence s'est prononcée en faveur de la validité de cette clause (Paris, 27 janvier 1835 et 27 août 1835 ; Dev., 35, 2, 65 et 518; Paris, 5 mars 1846; *Journ. du Pal.*, 1846, p. 483 ; Aix, 16 juillet 1846 ; Dev., 46, 2, 402).

Quant à la seconde question, les arrêts n'ont statué que sur le cas particulier où les époux étaient mariés sous le régime dotal. M. Demolombe généralise leur décision : il pense que sous tous les régimes le mari a le droit de demander que la femme soit obligée de prendre, suivant les circonstances, telles précautions que la justice ordonnera ; il fonde ce droit de surveillance du mari, sur les art. 203, 213, 1388, c'est-à-dire sur « cette autorité qui le constitue le chef de la famille et le gardien suprême de tous ses droits ; or, cette autorité existe sous tous les régimes matrimoniaux ; ces articles là sont, si j'osais le dire ainsi, la charte constitutionnelle de la famille » (Cpr., Angers, 6 mars 1828 ; Dev., 1830, 2, 118 ; Cassation, 11 juin 1840 ; Caen, 13 août 1842).

Tous les développements contenus dans ce chapitre supposent que la femme est séparée de biens, soit à la suite d'un jugement qui a prononcé cette séparation, soit en vertu d'une clause de son contrat de mariage. S'il n'y avait qu'une séparation de fait entre les époux, rien ne serait changé relativement à la capacité de la femme. Toutefois, l'art. 4 n° 6 de la loi du 18 juin 1850 sur la Caisse de retraites pour la vieillesse crée une exception à cette règle. Il décide, en effet, que, en cas d'absence ou d'éloignement d'un des deux conjoints depuis plus d'une année, le juge de paix pourra, suivant les circonstances, accorder l'autorisation de faire des versements au profit exclusif du déposant.

CHAPITRE V

DE LA CAPACITÉ DE LA FEMME MARIÉE SOUS LE RÉGIME DOTAL

Si le régime de la séparation de biens est celui de tous qui laisse à la femme la capacité la plus étendue, le régime dotal, au contraire, est celui qui la restreint

le plus. Tout d'abord, il faut établir une distinction
entre les deux catégories de biens que la femme peut
avoir lorsqu'elle est mariée sous le régime dotal, les
biens paraphernaux et les biens dotaux. Je commen-
cerai par rechercher quelle est l'étendue de sa capacité relativement à ses paraphernaux, ce qui n'exigera
pas de bien longs développements, les règles exposées
à propos de la séparation de biens trouvant ici leur
application.

SECTION PREMIÈRE

DE LA CAPACITÉ DE LA FEMME RELATIVEMENT A SES PARAPHERNAUX

L'art. 1574 définit les paraphernaux tous les biens
de la femme qui n'ont pas été constitués en dot. La
paraphernalité est la règle, la dotalité, l'exception.
Aussi peut-il se faire que tous les biens d'une femme
mariée sous le régime dotal soient des paraphernaux
(Rejet, 30 juillet 1877; Sir., 77, 1, 446), auquel cas
l'art. 1575 indique de quelle façon la femme contri-
buera aux charges du mariage, s'il n'y a pas de convention à cet égard dans le contrat.

Relativement aux paraphernaux, la femme a la
jouissance et l'administration. Sous ce rapport, sa
condition est identique à celle de la femme séparée de
biens; d'où je conclus qu'elle a le droit d'aliéner sans
autorisation ses meubles paraphernaux, sans distinguer si leur aliénation est une conséquence et un

moyen de son droit d'administrer ou si elle a tout autre cause. On a toutefois prétendu que la femme dotale n'avait pas le droit d'aliéner sans autorisation ses meubles paraphernaux, attendu que l'art. 1576 emploie l'expression générale de *biens* paraphernaux, et ne fait aucune distinction entre les meubles et les immeubles, qu'il semble placer sur la même ligne (Rodière et Pont, III, nᵒˢ 2003, 2005; Laurent, XXIII, nᵒ 586). Quelque motivée que puisse sembler une pareille objection, le rapprochement des art. 1449, 1536 et 1538 montre que le législateur a toujours considéré l'aliénation des meubles de la femme comme rentrant dans les limites du droit d'administration qu'il lui concède. Par suite, il ne faut pas voir dans l'art. 1576 une dérogation aux principes généraux du Code civil. En réalité, il ne vise que l'aliénation des immeubles. Je ne vois d'ailleurs pas quel motif rationnel on pourrait bien invoquer pour restreindre les pouvoirs de la femme mariée sous le régime dotal sur ses biens paraphernaux, et lui refuser un droit qui appartient à la femme séparée de biens, ou plus généralement à la femme qui s'est réservé dans son contrat de mariage l'administration et la jouissance de tout ou partie de ses biens. Enfin le premier système est contraire à la tradition des pays de droit écrit, qui reconnaissaient à la femme dotale le droit d'aliéner ses paraphernaux sans autorisation. Je dois dire, toutefois, que dans le ressort de quelques Parlements, ce droit n'était pas reconnu à la femme (Aubry et Rau, V, § 541).

Relativement à ses paraphernaux, la femme dotale pourra donc librement vendre ses meubles corporels, céder ses créances par voie de transport, en toucher le remboursement, consentir des baux dont la durée n'excède pas neuf années, en un mot, faire tous les actes que comporte leur administration. De même elle pourra s'engager sans autorisation de son mari ou de justice dans les mêmes limites que la femme séparée de biens, et ses engagements seront exécutoires sur tous ses biens paraphernaux, meubles ou immeubles. On a cependant prétendu que la capacité de la femme dotale, relativement à ses paraphernaux, n'était pas exactement la même que la capacité de la femme séparée de biens. Tandis que l'art. 1449 dit que la femme séparée de biens en reprend la *libre* administration, et l'art. 1536 que la femme séparée contractuellement a la *libre* jouissance de ses revenus, l'art. 1576 dit seulement qu'elle administre et jouit sans ajouter le mot *librement*. Mais cette objection n'est pas fondée. L'article 1576 lui-même le prouve, puisqu'il n'exige l'autorisation maritale que pour l'aliénation des biens, c'est-à-dire des immeubles paraphernaux, ce qui implique qu'elle n'est pas exigée pour les actes d'administration.

Non seulement la femme a l'administration de ses biens paraphernaux, mais encore elle en a la jouissance.

et elle a le droit de disposer librement de leurs revenus, à la condition, toutefois, si tous ses biens étaient
paraphernaux, de concourir aux charges du ménage
dans la proportion fixée par son contrat de mariage,
ou jusqu'à concurrence du tiers de ses revenus, conformément à l'art. 1575.

SECTION II

DE LA CAPACITÉ DE LA FEMME RELATIVEMENT A SES BIENS DOTAUX

Après avoir ainsi indiqué d'une façon sommaire
quelle est la capacité de la femme quant à ses paraphernaux, il me faut rechercher quelle influence peut
avoir sur sa capacité le caractère d'inaliénabilité dont
sont frappés les biens dotaux, ce qui constitue le véritable sujet de ce chapitre. La question peut se poser
ainsi : Quelle est la nature de l'inaliénabilité dotale ?
Est-elle la conséquence d'une *indisponibilité* dont sont
frappés les biens dotaux, de leur mise hors du commerce, ou bien, au contraire, est-elle le résultat d'une
incapacité qui atteindrait la femme.

Avant d'entrer dans l'examen de cette question, il
est nécessaire de rappeler quelques-unes des règles
du régime dotal qui serviront à en préciser l'importance. Je m'efforcerai, d'ailleurs, d'être aussi bref que
possible sur ces points qui sont plutôt des questions
de contrat de mariage que des questions de capacité.

L'inaliénabilité dotale vient du droit romain; son origine se trouve dans la célèbre loi Julia *De adulteriis* rendue sous Auguste, en l'année 737 de Rome, laquelle loi défendait au mari, propriétaire de la dot, d'aliéner le fonds dotal sans le consentement de la femme, et, d'après les Institutes (liv. II, tit. 8, pr.), de l'hypothéquer, même avec le consentement de celle-ci, bien qu'en réalité cette dernière défense n'ait pas été contenue dans la loi Julia (Gaius, II, § 63; Paul, *Sentences*, liv. II, tit. 21, § 2), mais dérive du sénatus-consulte Velléien ou des édits par lesquels Auguste et Claude prohibèrent les intercessions des femmes mariées pour leur mari (LL. 1 et 2, pr. *ad s.-c.* Vell., Dig., liv. XVI, tit. 1). Quoi qu'il en soit, d'ailleurs, à l'époque classique, le consentement de la femme suffisait pour valider l'aliénation faite par le mari, mais ne validait pas la constitution d'hypothèque.

L'inaliénabilité du fonds dotal se rattachait au divorce et aux lois caducaires; il fallait que les femmes redevenues libres puissent facilement se remarier; or, pour cela, il fallait assurer la conservation de la dot, et ramener ainsi les hommes au mariage par l'appât de faveurs pécuniaires. L'inaliénabilité dotale avait un caractère d'ordre public. *Reipublicæ interest mulieres dotes salvas habere, propter quas nubere possunt* (L. 2, Dig., *De jure dotium*).

Aujourd'hui, il n'en est plus ainsi; ces motifs ne peuvent plus être allégués : la loi française, loin de favoriser les seconds mariages, les voit avec défaveur, les projets de rétablissement du divorce, aboli par la loi du 8 mai 1816, ont tous échoué jusqu'ici, et nos mœurs, quoiqu'en puissent dire des esprits chagrins, ne sauraient être comparées à celles de la Rome impériale.

L'inaliénation dotale ne repose donc plus sur des motifs d'ordre public, et, comme le fait fort justement remarquer M. Laurent, elle n'a plus rien de commun avec l'ordre social, si ce n'est qu'elle y est absolument contraire.

Elle est établie pour protéger la femme contre les désordres du mari et contre sa propre faiblesse, et lui assurer la restitution intégrale de sa dot à la dissolution du mariage.

Pour arriver à ce résultat, le législateur avait le choix entre deux moyens : déclarer les biens eux-mêmes inaliénables ou rendre leur propriétaire incapable de les aliéner. Quel est celui des deux qu'il a choisi ?

La loi romaine a successivement et cumulativement employé les deux moyens : par la loi Julia, elle a défendu au mari, propriétaire de la dot, d'aliéner les biens dotaux, et par le sénatus-consulte Velléien, elle a défendu aux femmes de s'obliger pour autrui, qu'elles fussent mariées ou non. Ces deux dispositions avaient le même but, assurer la conservation des biens des femmes en frappant le fonds dotal d'inaliénabilité et protéger les femmes contre leur propre faiblesse, en les frappant d'une incapacité spéciale. Dans le dernier

état du droit, sous Justinien, les restrictions et les garanties sont encore plus nombreuses. Cet empereur
rend plus absolue l'inaliénabilité de la dot en décidant
que désormais le fonds dotal ne pourra plus être aliéné,
même avec le consentement de la femme (L. uniq. au
Code, *De rei uxor. act.*, liv. V, tit. 13), en même temps
qu'il rend plus étroite son incapacité (Novelle 134,
ch. VIII), en proclamant la nullité de toute intercession
de la femme au profit de son mari, quand même elle
aurait été renouvelée plusieurs fois, quand même elle
serait contenue dans un acte public signé de trois té-
moins. L'incapacité velléienne n'est plus une infério-
rité de la femme; c'est le complément des précautions
prises par le législateur pour assurer la conservation
de la fortune de la femme (Gide, *Etude sur la condition
privée de la femme*).

Quelle est celle de ces deux institutions qui a survécu?
En quoi consiste l'inaliénabilité de la dot sous le régime dotal? Est-elle la conséquence de la mise des
biens hors du commerce ou d'une incapacité qui atteindrait la femme?

Avant de choisir entre ces deux systèmes, il importe
de rechercher l'intérêt qu'il peut y avoir à prendre
parti. Je suppose tout d'abord que l'inaliénabilité consiste dans une *incapacité* de la femme. Voici quelles
en seront les conséquences :

1° La femme, au cours du mariage, contracte une
obligation avec l'autorisation du mari. Sans doute, ses

créanciers pourront en poursuivre l'exécution sur ses biens paraphernaux; mais le pourront-ils sur ses biens dotaux? Non, lors même que le mariage serait dissous et les biens redevenus libres. L'obligation, en effet, a été contractée dans des conditions telles qu'elle ne peut être exécutée sur eux puisqu'il faut pour résoudre cette question se reporter au moment où elle a pris naissance.

2° La femme a-t-elle des dettes au moment de son mariage, ses créanciers pourront en poursuivre le payement même sur ses biens dotaux au cours du mariage, et à plus forte raison après sa dissolution, puisque l'engagement a été valablement consenti par la femme.

3° La femme se trouve obligée au cours du mariage par suite d'un délit, d'un quasi-délit, de certains quasi-contrats ou *ex lege*, son créancier pourra exercer son droit sur les biens dotaux, car le vice de l'obligation disparaît, la femme se trouvant obligée sans sa volonté.

4° La femme pourra, lorsque le régime dotal aura pris fin, ratifier les obligations souscrites par elle au cours du mariage. Si elle a, par exemple, consenti à l'aliénation d'un immeuble dotal, elle pourra ratifier cette obligation sans que rien n'y mette obstacle.

Si, au contraire, l'inaliénabilité résulte de la *mise des biens hors du commerce*, on aboutit sur tous ces points à des conséquences opposées, et dès lors il faudra décider que :

1° Si la femme s'est obligée avec l'autorisation de son mari au cours du mariage, lorsque le régime dotal aura pris fin, ses créanciers pourront saisir ses biens dotaux, car l'obstacle qui s'opposait à l'exécution de leurs droits aura disparu ;

2° Si la femme avait des dettes lors de la célébration de son mariage, tant que durera le régime dotal, ses créanciers ne pourront pas saisir les biens dotaux : leur seule ressource sera d'invoquer l'art. 1167 ;

3° Si la femme est obligée au cours du mariage, indépendamment de sa volonté, ses créanciers ne pourront pas saisir les biens dotaux, vu leur affectation spéciale ;

4° Si la femme a aliéné un bien dotal au cours du mariage, elle ne pourra pour la même raison ratifier cette aliénation après sa disssolution (Gide, *loc. cit.*).

Telles sont les conséquences pratiques auxquelles on aboutit suivant qu'on adopte l'un ou l'autre système. Mais quel est le mieux fondé ?

La jurisprudence semble consacrer la doctrine de l'incapacité personnelle de la femme, puisqu'elle en admet les conséquences sur presque toutes les questions ci-dessus. C'est ainsi qu'elle décide que l'obligation contractée par la femme dotale autorisée au cours du mariage n'est pas exécutoire sur les biens dotaux, même après sa dissolution (Cassation, Chambres réu-

nies, 7 juin 1864, Sir., 64, 1, 201 ; Bordeaux, 23 mars
1865, Sir., 65, 2, 334). De même, elle reconnaît aux
créanciers antérieurs au mariage, le droit de saisir les
biens dotaux, quoique ceux-ci soient devenus inaliénables. L'art. 1558, 3ᵉ al., permet d'ailleurs l'aliénation de
l'immeuble dotal pour payer les dettes de la femme
qui ont une date certaine antérieure au mariage
(Montpellier, 7 juin 1830, Sir., 30, 2, 69 ; Bordeaux,
29 août 1855, Sir., 56, 2, 679). De même encore, elle
reconnaît que l'obligation est valable et donne aux
créanciers le droit de saisir les biens dotaux, lorsqu'elle résulte d'un délit, d'un quasi-délit ou de certains quasi-contrats (Cassation, 4 mars 1845 ; Cass-
tion, 15 juin 1864, Sir., 64, 1, 363; Rejet, 10 juin 1879,
Sir., 79, 1 ; Cassation, 20 juillet 1870, Sir., 71, 1, 69).
Enfin elle admet que la femme pourra, après la dissolution du régime dotal, couvrir la nullité des actes
passés par elle au cours du mariage, par une ratification expresse ou tacite (Bordeaux, 20 décembre 1832,
Sir., 33, 2, 279), ou ratifier l'aliénation du bien dotal
qu'elle a faite avec l'autorisation du mari (Rejet, 4 juillet 1849, Sir., 50, 1, 283 ; Rejet, 11 juillet 1859,
Sir., 60).

C'est donc bien la doctrine de l'*incapacité personnelle*
qui a triomphé en jurisprudence, et la jurisprudence a
eu raison. Cette doctrine est, en effet, la plus conforme
à la nature même des choses. L'inaliénabilité ne résulte
pas de l'affectation des biens dotaux à une destination

spéciale; sous le régime dotal, comme sous tous les autres, la dot a la même destination : subvenir aux charges du mariage. Elle résulte, au contraire, de la situation exceptionnelle dans laquelle la femme consent à se placer. D'après le droit commun, elle est incapable en tant que femme mariée (art. 217); mais son incapacité n'est pas absolue, une autorisation, régulièrement donnée, la fait disparaître. Ne se contentant pas de cette incapacité, elle a voulu se soumettre à une incapacité plus énergique, que rien ne pourra lever, en abdiquant à l'avance le droit d'aliéner ou d'hypothéquer ses biens. Elle a craint la faiblesse de son caractère, son inexpérience des affaires, les habitudes dissipées de son mari, les dangers de l'influence maritale, et elle a voulu s'enlever le droit d'autoriser son mari à aliéner ou hypothéquer ses biens.

Il est vrai que le Code civil est muet sur les motifs et la nature de l'inaliénabilité. L'art. 1554 se borne à édicter la prohibition. Mais la loi du 10 juillet 1850 est plus explicite, elle décide que, « si l'acte de célébration de mariage porte que les époux se sont mariés sans contrat, la femme sera réputée, à l'égard des tiers, *capable de contracter* dans les termes du droit commun, à moins que, dans l'acte qui contiendra son engagement, elle n'ait déclaré avoir fait un contrat de mariage (art. 1391); » ce qui tend bien à prouver que le législateur de 1850 a considéré l'inaliénabilité dotale comme la conséquence d'une incapacité de la femme

(V. dans ce sens, Gide, *loc. cit.*; Labbé, *Rev. crit.*, t. IX, p. 1).

La théorie de l'incapacité personnelle admise, il me faut rechercher quelle est la portée de l'inaliénabilité.

L'incapacité d'aliéner et d'hypothéquer s'applique aux immeubles dotaux (art. 1554), ce qui comprend les diverses catégories d'immeubles contenues dans l'article 517.

Le mot aliéner comprend tous les moyens légaux de disposer d'une chose, en tout ou en partie, à titre onéreux comme à titre gratuit. La femme ne pourra donc pas, même avec l'autorisation de son mari, grever le fonds dotal d'une servitude réelle ou personnelle. Il faut, toutefois, admettre une exception pour les charges légales, que le Code qualifie improprement de servitudes légales ou dérivant de la situation des lieux, telles que la servitude de passage en cas d'enclave; mais, ni la femme ni le mari, ne pourraient consentir à l'exercice de cette servitude sur le fonds dotal, si le passage devait, aux termes de l'art. 683, être pris sur un autre héritage; de même, l'immeuble dotal ne peut pas être donné en antichrèse, l'antichrèse étant un droit réel (Aubry et Rau, V, § 537; Laurent, XXIII, nᵒˢ 496,497).

La prohibition d'aliéner s'applique indistinctement à tous les actes d'aliénation ou de disposition entre vifs, tels que la vente, quand bien même elle serait faite à réméré, l'échange, la transaction, le compromis (Aubry et Rau, V, § 537; Cass., 22 août 1865; Sir., 65, 1, 436).

Elle s'applique également aux aliénations à titre gratuit comme aux aliénations à titre onéreux. C'est, toutefois, une question de savoir si la femme peut donner l'immeuble dotal à son mari, au cours du mariage. On a soutenu, et il a été jugé, à plusieurs reprises, que cette donation était valable à raison de la révocabilité absolue des donations entre époux, faites pendant le mariage, quand même elles porteraient sur des biens présents (art. 1096; Rodière et Pont, III, n° 1769; Req., rejet, 1er décembre 1824, Sir., 25, 1, 135; Caen, 8 mai 1866; Dal., 67, 2, 161). Il est, toutefois, permis d'en douter, car la femme sera souvent gênée pour révoquer sa donation, et il est, dès lors, nécessaire de la protéger (Demolombe, *Rev. crit.*, t. I, p. 515). MM. Aubry et Rau, qui enseignent la validité de ces donations, font certaines réserves pour le cas où la femme se trouverait, en fait, dans l'impossibilité d'user du droit de révoquer la donation, si celle-ci entraînait des résultats contraires au but du régime dotal.

La femme peut, au contraire, disposer librement de ses immeubles dotaux par testament. Elle n'est, en effet, incapable d'aliéner ses immeubles dotaux que pendant le mariage, et le testament ne produira d'effets qu'après sa dissolution.

Mais que faut-il décider quant à l'institution contractuelle ? Il a été jugé que la femme avait le droit de disposer de ses biens dotaux par voie d'institution contractuelle, car l'institution contractuelle ne produira

ses effets qu'à la mort de la femme ; le ménage ne sera
pas frustré des droits qui lui appartiennent, et d'ailleurs l'instituant conserve le droit d'aliéner à titre onéreux les objets compris dans l'institution. Donc la
prohibition de l'art. 1554 n'est pas applicable (Nîmes,
1er févr. 1867, Sir. 67, 2, 136 ; Bordeaux, 8 mai 1871 ;
Sir. 71, 2, 241). Malgré ces considérations, il est préférable de décider que la femme n'a pas ce droit. L'article 1083 décide, en effet, que l'instituant n'a pas la
faculté de disposer à titre gratuit des biens compris
dans l'institution ; or, il y a là une restriction à l'exercice du droit de propriété qui doit tomber sous l'application de l'art. 1554. Bien plus, l'opinion contraire est
en désaccord avec l'esprit général de l'art. 1554. Ce
n'est pas seulement dans l'intérêt de la femme que cet article défend l'aliénation de l'immeuble dotal ; c'est aussi
dans l'intérêt des enfants à naître du mariage. Or, en
instituant un étranger, la femme s'enlève la faculté de
disposer de ses immeubles pour doter ses enfants et
pourvoir à leur établissement. A leur égard, en effet,
la constitution de dot ne saurait être considérée
comme un acte à titre onéreux. De plus, l'inaliénabilité
dotale a pour but de protéger la femme contre les abus
possibles de l'autorité du mari ; dès lors ne serait-il
pas à craindre dans le premier système que le mari
emploie son influence pour obliger la femme à faire
une institution contractuelle au profit d'un de ses parents
dont il serait l'héritier ? (Agen, 21 juillet 1873, Sir., 73,

12

2, 182 ; Rouen, 2 juin 1874 ; Sir., 74, 2, 203 ; Rejet,
8 mai 1877 ; Sir., 77, 1, 252 ; Aubry et Rau, VIII, § 739 ;
Demolombe, XXIII, n° 284 ; Rodière et Pont, III,
n° 1769).

Quelque incapable que soit la femme d'aliéner ses
immeubles dotaux, il ne faudrait cependant pas aller
jusqu'à dire, se fût-elle même constitué en dot tous
ses biens présents et à venir, qu'il y a là un obstacle
suffisant pour l'empêcher de renoncer, avec l'autorisation de son mari, à une succession immobilière qui
viendrait à lui échoir au cours du mariage. En le faisant, en effet, elle n'aliène pas à proprement parler ;
elle se borne à renoncer à une succession, c'est-à-dire
à des avantages peut-être douteux, et il est de principe
que l'héritier renonçant n'a jamais acquis (Grenoble,
16 avril 1866 ; Sir., 66, 2, 221).

La femme est donc incapable d'une façon absolue
d'aliéner directement ses immeubles dotaux, au cours
du mariage ; elle est également incapable de contracter
une obligation qui soit exécutoire sur ses meubles
dotaux. Je ne parle pas des obligations contractées par
elle avant la célébration du mariage, elles ont été contractées par une personne capable de le faire, et doivent être exécutées même sur les biens dotaux, à la
condition toutefois qu'elles aient acquis date certaine
avant le mariage ou plutôt avant le contrat de mariage.
Mais que faudrait-il décider si ces obligations avaient
été contractées dans l'intervallé qui sépare les deux

contrats? Dans ce cas, il en serait tout autrement, et les créanciers n'auraient pas plus le droit de saisir les biens dotaux que ceux qui contracteraient avec la femme au cours du mariage. Autrement il y aurait lieu de craindre que les époux ne dérogeassent par ce moyen à la règle de l'inaliénabilité écrite dans leur contrat (art. 1558, 3ᵉ al.; Aubry et Rau, V, § 538; Colmet de Santerre, VI, n° 230 *bis*, II, 118; Laurent, XXIII, n° 548).

Le droit de saisir les biens dotaux appartient à tous les créanciers antérieurs au mariage, sans distinguer entre les créanciers ayant un droit réel sur les immeubles dotaux et les créanciers simplement chirographaires; mais ces derniers ne peuvent saisir que la nue propriété des biens dotaux, puisque la jouissance appartient au mari, au profit de qui elle a été aliénée (Aubry et Rau, *loc. cit.*).

De ce que les obligations contractées par la femme dotale au cours du mariage sont frappées de nullité en tant qu'elles atteindraient les biens dotaux, il faut conclure que :

1° Ces obligations *restent nulles même après le décès de la femme*, et le payement de semblables dettes ne pourra pas être poursuivi contre ses héritiers, le créancier ne pouvant pas se prévaloir d'une obligation qui n'a pas été valablement consentie (Civ., cassation, 30 août 1847, Sir., 47, 1, 740; Paris, 16 janvier 1858 ;

Sir., 58, 2, 502 ; Aubry et Rau, V, § 558; Labbé, *Rev. crit.*, IX, p. 1, et s.).

2° Ces obligations ne pourront même pas être exécu-tées *sur le prix des immeubles dotaux librement aliénés* par la femme devenue veuve ou par ses héritiers, ou sur les immeubles acquis en échange. Ce serait en vain qu'on objecterait que ces immeubles n'ont jamais été frappés d'inaliénabilité : outre qu'ils représentent l'immeuble dotal, l'obligation est nulle comme ayant été consentie par une personne incapable (Douai 27 juillet 1853, Sir., 54, 2, 181; Labbé, *loc. cit.*).

3° Ces obligations, dans le cas où la femme s'est constitué en dot tous ses biens présents et à venir, ne pourront même pas être exécutées sur *les biens qui viendraient à lui échoir après la dissolution du mariage* (Demolombe, *Rev. de légis.*, t. II, p. 282).

Quelle que soit l'incapacité d'aliéner ses immeubles dotaux et de s'obliger sur ces biens, sans qu'aucune autorisation puisse la lever, qui atteint la femme do-tale, il y a quelques cas limitativement énumérés, pour lesquels la loi a fait exception au principe de l'inalié-nabilité. Je me borne à les rappeler très sommaire-ment.

1° Dans deux cas la femme peut aliéner ses immeu-bles dotaux avec l'autorisation de son mari ou de jus-tice : 1° lorsque l'aliénation en a été permise par le contrat de mariage (art. 1557); 2° lorsque la femme veut pourvoir à l'établissement d'enfants qu'elle aurait d'un précédent mariage (art. 1555); mais si elle n'est autorisée que de justice, elle doit réserver la jouissance à son mari.

2° Dans un cas, elle peut les aliéner avec l'autorisation de son mari, sans que l'autorisation de justice puisse y suppléer ; c'est le cas où il s'agit de pourvoir à l'établissement des enfants communs (art. 1556).

3° Dans cinq cas, elle peut les aliéner avec l'autorisation de justice, sans que l'autorisation du mari puisse suffire. Ces cas sont indiqués dans l'art. 1558 qui prescrit, en outre, les conditions à remplir pour la vente. Il s'agit : 1° de tirer de prison le mari ou la femme dans les hypothèses où la contrainte par corps subsiste encore ; 2° de fournir des aliments à la famille, conformément aux art. 203, 205 et 206 ; 3° de payer les dettes de la femme ou de ceux qui ont constitué la dot, lorsque ces dettes ont une date certaine antérieure au contrat de mariage; 4° de faire de grosses réparations indispensables pour la conservation de l'immeuble dotal ; 5° de liciter l'immeuble dotal indivis avec un tiers et reconnu impartageable.

Enfin l'art. 1559 indique à quelles conditions l'immeuble dotal pourra être échangé; il faut que la femme donne son consentement, que l'immeuble acquis en échange ait la même valeur pour les quatre cinquièmes au moins, que l'utilité de l'échange soit justifiée, et enfin que l'autorisation de justice soit obte-

nue d'après une estimation par experts nommés d'office
par le tribunal.

Quant à la question de savoir ce qui arriverait au
cas où un immeuble dotal aurait été aliéné, voici les
principes d'après lesquels il faudrait la résoudre. Deux
cas peuvent se présenter : ou l'aliénation n'a pas encore été exécutée, ou elle l'a déjà été. Au premier
cas, la femme repoussera l'action de l'acquéreur en lui
opposant l'exception de dotalité ; au second cas la
femme pourra agir par l'action révocatoire que lui
donne l'art. 1560. Mais ici encore il faut distinguer,
suivant que l'aliénation a été faite par la femme ou par
le mari.

L'aliénation a-t-elle été faite par la femme, il faut
appliquer le principe que la loi admet la nullité relative dans les cas où il y a un vice du consentement ou
une incapacité de protection. L'aliénation n'est pas
frappée d'une nullité absolue, elle n'est qu'annulable.
D'où je conclus, d'une part, que le tiers acquéreur du
bien dotal n'a pas le droit de demander la nullité de
l'aliénation, et, d'autre part, que la femme pourra,
après la dissolution du mariage, ratifier ou faire rescinder la vente par l'action révocatoire, la seule par
laquelle elle puisse utilement agir, et que la prescription que le tiers acquéreur pourra opposer à l'action
révocatoire sera la prescription libératoire.

L'aliénation a-t-elle été faite par le mari, les conséquences auxquelles on aboutit sont différentes. Bien

entendu, il faut supposer que le mari a agi *proprio motu*, et non au nom de la femme. Dans ce cas, il y a nullité absolue de la vente, car la chose a été vendue *a non domino*. L'acheteur pourra se prévaloir de la nullité, et la femme agira par une véritable action en revendication. L'action en revendication durera trente ans, et la prescription que le tiers pourra invoquer sera une prescription acquisitive. En dehors de l'action révocatoire, la femme a de plus une action en responsabilité contre son mari, laquelle est une action hypothécaire. Elle a le choix entre ces deux actions.

Jusqu'ici, je ne me suis occupé que des immeubles dotaux que l'art. 1554 déclare seuls inaliénables ; il me faut maintenant rechercher quelle est l'incapacité de la femme relativement à ses meubles dotaux. En d'autres termes, il me faut examiner la question de savoir si la dot mobilière est inaliénable et dans quel sens elle peut l'être.

J'exposerai tout d'abord quelle est la jurisprudence en cette matière, sauf à examiner ensuite si elle est fondée.

Le premier arrêt de la Cour de cassation est un arrêt de rejet du 1er février 1819 (Sir., 19, 1, 146). Depuis, un grand nombre d'arrêts ont été rendus sur cette question, ainsi qu'on peut s'en rendre compte en consultant le tableau de la jurisprudence jusqu'en 1837, dressé par Devilleneuve (Sir., 37, 1, 97 et la note). Après d'assez longues fluctuations, la jurispru-

dence s'est enfin fixée depuis cette époque dans le
sens de l'inaliénabilité. Aujourd'hui la question ne se
plaide plus devant les tribunaux. Mais en quel sens
faut-il entendre cette règle? Le système de la jurisprudence peut être résumé dans ces deux propositions :

1° Le mari a le droit de disposer des meubles dotaux ;

2° La femme ne peut, par aucun acte, ni compromettre son droit de réclamer, lors de la dissolution du
mariage ou de la séparation de biens, la restitution intégrale de sa dot, ni renoncer à l'hypothèque légale
qui garantit cette restitution, ni engager ses meubles
dotaux pour le payement des obligations contractées
par elle au cours du mariage (Paris, 30 juin 1834,
Sir., 34, 2, 473 ; Cassation, 26 avril 1851 ; Sir., 51, 1,
805 ; Cassation, 6 déc. 1859; Dal., 59, 1, 501).

Examinons ces deux propositions :

1° *Le mari a le droit de disposer des meubles dotaux
et de les aliéner*, sans qu'il y ait lieu de distinguer entre
les meubles corporels et les meubles incorporels, entre ceux dont il est quasi-usufruitier et ceux dont il est
usufruitier proprement dit. Voici les motifs que la jurisprudence donne à l'appui de son système, tels que
je les trouve indiqués dans l'arrêt ci-dessus cité du
6 décembre 1859, rendu sur le rapport de M. le con-
seiller Laborie, qui est l'un des mieux motivés. Elle
part du principe que la dot de la femme est protégée

par diverses garanties, dont la plus importante est
l'inaliénabilité. Mais cette règle diffère dans ses effets
selon la nature des biens auxquels elle s'applique, tout
au moins en ce qui concerne le mari. S'agit-il d'immeubles, il ne peut les aliéner; s'agit-il, au contraire,
de meubles, il en a le droit. L'argument en faveur de
ce système est tiré de l'art. 1549, 2ᵉ al. : « Les droits
du mari, dit l'arrêt cité, excèdent les limites dans lesquelles se circonscrit la sphère d'action d'un administrateur ordinaire ou même d'un usufruitier; le mandat
qui lui est exclusivement conféré par la première disposition de la section 2, ch. III, tit. 5, liv. III, du Code
civil, lui attribue les actions dotales et ne comporte
d'autres restrictions que celles expressément établies
par les dispositions subséquentes de la même section. » La loi donne au mari des droits que n'ont pas
les administrateurs ordinaires : il a l'exercice des actions, il a qualité pour poursuivre le payement des
créances. Donc le mari peut, sans le concours de la
femme, céder valablement les créances dotales, qu'elles soient ou non exigibles, et, par suite, transférer les
rentes perpétuelles ou consentir contre le payement du
capital à l'extinction d'une rente viagère (Req. rej.,
1ᵉʳ août 1866 ; Sir., 66, 1, 363).

Ce côté de la question n'a pas trait directement au
sujet de cette étude; je ne m'y arrêterai donc pas.
Toutefois, il importe de dire brièvement pour quels motifs cette jurisprudence ne me semble pas fondée. La ju-

risprudence exagère notablement la portée de l'art. 1549.
Sans doute, cet article donne au mari un droit que
n'ont pas les administrateurs ordinaires, puisqu'il
lui permet d'intenter toutes les actions dotales, même
pétitoires immobilières. Mais on ne saurait en conclure
que la loi lui a accordé par là même le droit d'aliéner
ceux des meubles ou valeurs mobilières de la femme
dont il n'est pas quasi-usufruitier ; quelque étendus
que soient ses pouvoirs, en réalité il n'est qu'un administrateur. Or, le principe qui détermine les pouvoirs
d'un administrateur est écrit dans l'art. 1988, aux
termes duquel un pouvoir conçu en termes généraux
ne donne que le droit d'administrer et non le droit
d'aliéner. Bien plus, si les parties ont convenu dans le
contrat de mariage, conformément à l'art. 1557 que
l'immeuble dotal pourra être aliéné, personne que je
sache n'a soutenu que le mari avait le droit de l'aliéner
seul, et cependant il a l'exercice des actions pétitoires
relatives à cet immeuble, ce qui démontre bien qu'il
n'y a pas concordance entre le pouvoir de les exercer
et le pouvoir d'aliéner. L'ancienne théorie romaine
d'après laquelle le mari était propriétaire de la dot est
complètement abandonnée ; les précédents ont changé
dans leur principe même, on ne peut plus les invoquer.
De tout cela il faut conclure que la femme étant propriétaire et le mari simplement administrateur et usufruitier des meubles dotaux, ce dernier n'a pas le pouvoir de les aliéner. Ce pouvoir doit appartenir à la

femme pourvu qu'elle soit dûment autorisée. Quelques
arrêts ont jugé en ce sens, notamment un arrêt de la
Cour de Lyon du 23 avril 1858, lequel a été cassé le
6 décembre 1859 (Laurent, XXIII, n° 475 ; Colmet de
Santerre, VI, n° 233 *bis*, XXV et s.).

2° *La femme ne peut faire aucun acte de nature à
préjudicier à ses droits en e qui concerne sa dot mobilière.*
De ce second principe de la jurisprudence découlent
de nombreuses conséquences :

1° Elle ne peut, au cours du mariage, *céder ses reprises dotales* ou *recevoir de ses débiteurs personnels ou
hypothécaires le remboursement de ses créances dotales.*
(Cassation, 23 août 1854, Sir., 55 1, 404; Cassation, 12
janvier 1857, Sir., 57, 1,349).

2° Elle ne peut *renoncer à son hypothèque légale* destinée à lui assurer le recouvrement de sa dot, ni *y subroger les tiers*, ni *leur céder le rang* qui lui appartient
(Cassation, 13 février 1866; Sir., 66, 1, 197; Rejet, 14
novembre 1866; Sir., 67, 1, 21; Caen, 28 janvier 1865,
Sir., 65, 2, 257).

3° Elle ne peut *donner mainlevée des inscriptions* destinées à garantir ses créances dotales avant leur payement (Rouen, 8 février 1842; Sir,, 42, 2, 271).

4° Elle ne peut *transiger ou compromettre* par quelque
acte que ce soit sur ses droits dotaux mobiliers.

5° Il a été également jugé que, la dot mobilière
étant inaliénable, elle ne peut servir au payement d'une
obligation contractée solidairement par les époux

pendant le mariage (Cassation, 11 mai 1859; Sir., 59 1, 481).

L'inaliénabilité de la dot mobilière a donc pour conséquence de rendre la femme incapable de disposer de sa dot, en faisant aucun acte qui compromette sa créance en restitution contre le mari et l'hypothèque qui la garantit ; ce qui doit faire décider que les meubles dotaux ne pourraient, pas plus que les immeubles, être saisis par les créanciers de la femme, pour les engagements contractés par elle au cours du mariage.

Quels sont les motifs qui ont conduit la jurisprudence à proclamer ainsi l'inaliénabilité de la dot mobilière?

Le fondement de ce système, est la tradition de l'ancien droit. Les Parlements des pays de droit écrit admettaient l'inaliénabilité de la dot mobilière, et décidaient, d'une part, que la femme ne pouvait compromettre ni sa créance en restitution de dot contre le mari, ni son hypothèque légale ; et, d'autre part, que la dot mobilière ne pouvait être saisie pour les engagements contractés par elle au cours du mariage (Roussilhe, *Traité de la dot*, p. 280, édit. Sacaze; Arrêt du 18 mars 1657; Lescœur, *Rev. crit.*, t. XLI, p. 382). Or, l'idée des rédacteurs du Code a été de conserver le régime dotal tel qu'il était pratiqué dans les anciens pays de droit écrit, et de maintenir la jurisprudence de ces Parlements. C'est ce que démontrent les travaux préparatoires, notamment les paroles de Cambacérès sur l'art. 2272 (V. Fenet, t. XV, p. 372, et t. XIII, p. 393).

Indépendamment de cet argument historique, la jurisprudence invoque plusieurs textes tirés du Code ou de lois postérieures. Tout d'abord, les art. 1555 et 1556 emploient l'expression de *biens dotaux*, lorsqu'ils permettent à la femme de les donner pour l'établissement de ses enfants. Or, si les meubles dotaux n'étaient pas inaliénables, ces articles emploieraient le mot *immeubles* et non le mot *biens*. L'art. 7 du Code de commerce, emploie également l'expression de *biens* dotaux. L'art. 83 du Code de procédure civile, exigeant que les affaires concernant la dot des femmes mariées sous le régime dotal, soient communiquées au ministère public pour empêcher des aliénations déguisées, ne distingue pas davantage entre les cas où la dot est mobilière et ceux où elle est immobilière.

Depuis, des lois spéciales ont donné un nouvel appui à cette thèse; d'abord, le décret du 28 février 1852, sur l'*Organisation du Crédit foncier*, qui décide, dans son art. 9, que la femme, non mariée sous le régime dotal, peut consentir une subrogation à son hypothèque légale inscrite, ne fait aucune distinction ni réserve pour le cas où elle garantirait la dot purement mobilière de la femme dotale; de même, l'art. 9 de la loi du 23 mars 1855, commence par ces mots : « Dans les cas où les femmes peuvent céder leur hypothèque légale ou y renoncer. » Ce qui implique une distinction entre la femme, mariée sous le régime dotal, et les autres.

En réalité, ce ne sont pas ces arguments qui ont décidé la jurisprudence, car ils ne résistent pas à un examen sérieux des textes, une prohibition d'aliéner ou de renoncer à un droit ne pouvant être admise sans l'existence de textes absolument formels et précis : ce sont surtout des considérations de fait et d'utilité pratique. Dépassant la mission qui est assignée à l'interprète de la loi, nos tribunaux ont pris en considération le développement des valeurs mobilières qui composent la totalité de la dot de beaucoup de femmes, et ils ont décidé que la dot mobilière était inaliénable, parce qu'autrement le régime dotal serait incomplet, et, dans la plupart des cas, ne protégerait pas suffisamment les intérêts de la femme.

Bien qu'en pratique la question soit absolument résolue aujourd'hui, je dois, cependant, discuter ce système, et dire pour quelles raisons il n'est pas fondé en droit. Quelque constante que soit une jurisprudence, elle devrait être abandonnée toutes les fois qu'elle n'a pas dans les textes de solides points d'appui. En se mettant au-dessus de la loi, le juge oublie le premier de ses devoirs d'interprète, et cela au préjudice de l'intérêt public. D'une part, en effet, il est gêné par les textes qui existent, et, tout en les méconnaissant, il est obligé d'en tenir compte ; d'autre part, il perpétue un état précaire au lieu de forcer le législateur à réaliser un avantage reconnu nécessaire. Bien plus, dans l'espèce, je ne saurais voir, dans cette jurisprudence, un progrès véritable, car je suis de ceux qui pensent que le progrès consisterait dans la suppression de l'inaliénabilité dotale et non dans son extension. Enfin, la jurisprudence est souvent mobile et changeante, même lorsque les doctrines paraissent le plus solidement établies : elle peut changer en cette matière, comme en beaucoup d'autres.

S'il est un principe de droit absolument certain, c'est la liberté pour un propriétaire de disposer librement des biens qui lui appartiennent, toutes les fois qu'un texte formel et précis ne le lui interdit pas. Or, il n'existe dans aucune de nos lois aucun article qui proclame l'inaliénabilité de la dot mobilière. Reprenons, en effet, les arguments de la jurisprudence.

Son premier argument, l'argument historique, ne porte pas. Si nous remontons, en effet, jusqu'aux origines premières de l'inaliénabilité dotale, nous voyons que la loi Julia défendait seulement au mari, propriétaire de la dot, d'aliéner le *fonds dotal* et ne modifiait en rien ses pouvoirs relativement aux meubles. Or, ce principe n'a jamais été modifié en droit romain. Quant à la jurisprudence des pays de droit écrit, elle n'était pas aussi unanime que veut bien le dire le premier système ; il y avait divergence entre les divers Parlements. D'ailleurs, quand bien même leur jurisprudence eût été aussi claire que constante, le chapitre III du titre du

Contrat de mariage du Code de 1804 contient un système complet de législation qui se suffit à lui-même,
et il ne faut oublier ni avec quelle peine l'inaliénabilité
des immeubles dotaux a été admise, ni l'esprit général
des rédacteurs du Code imbus de l'ancien adage : « vilis mobilium possessio. » De plus, dans les travaux
préparatoires, Berlier ne parle jamais que des immeubles dotaux dans l'exposé des motifs de l'art. 1554 (Fenet, t. XIII, p. 682).

Quant aux arguments de texte, il est facile de les ré-
futer. Il est impossible de tirer de l'expression *biens
dotaux* employée par les art. 1555 et 1556 du Code
civil et par l'art. 7 du Code de commerce un argument quelque peu probant.

Ces articles n'ont aucunement pour but d'indiquer la véritable pensée de la loi ; ce sont de simples dispositions de détail. C'est dans l'art. 1554 que
le principe de l'inaliénabilité a été posé ; or, cet article ne parle que des *immeubles dotaux* ; bien plus, les
art. 1557, 1558, 1559 qui indiquent les cas où, par
exception, le bien dotal peut être aliéné ou échangé
emploient tous l'expression *d'immeubles*, et il serait
impossible de prétendre que les meubles dotaux ne
pourraient être aliénés dans ces hypothèses, bien que
telle devrait être la décision de la jurisprudence, si elle
était respectueuse des textes.

Quant à l'art. 83 du Code de procédure, il ne peut à
aucun titre être invoqué : c'est un simple article d'énu-

mération emprunté à une matière tout à fait étrangère au régime dotal.

Reste l'argument tiré de l'art. 9 de la loi du 23 mars 1855. Il n'est pas plus fondé que les autres. En lisant son texte, on a peine à comprendre qu'il puisse avoir une importance aussi décisive dans la question ; il est trop peu précis pour cela. Bien plus, le législateur de 1855 a clairement exprimé son intention de ne pas innover et de se référer à la législation antérieure sur une controverse qu'il connaissait bien mais qu'il ne voulait pas trancher. Le rapporteur de la loi, M. de Belleyme, a expressément exprimé cette intention : le texte actuel de cet article fut proposé par la commission à la place du projet du gouvernement et adopté précisément « pour bien établir que la loi actuelle n'avait pas pour but de modifier *en quoi que ce soit* la législation relative aux droits des femmes mariées en matière de cession ou de renonciation à une hypothèque légale. »

C'est dans le sens de ce second système que se sont prononcés presque tous les auteurs (Colmet de Santerre, VI, n° 233 *bis*, XXII-XXXI ; Laurent, XXIII, n° 541 et s. ; Aubry et Rau, V, § 537 *bis* ; Marcadé, sur l'art. 1554). Ce système a été également consacré par la jurisprudence belge : Bruxelles, 3 juin 1846 ; Dal., 46, 3, 187 ; C⁰ Lyon, 16 juillet 1840; Sir., 41, 2, 240).

Ce système admis, les conséquences auxquelles on aboutit sont dès lors tout opposées. La femme pourra

13

céder sa créance contre son mari, recevoir de la part des tiers, ses débiteurs, le remboursement de ses créances dotales, subroger à son hypothèque légale ou y renoncer, ou céder la priorité de son rang hypothécaire. Ses créanciers pourront saisir ses meubles dotaux ; les engagements qu'elle prend ou les actes qu'elle fait au cours du mariage seront exécutoires sur ses valeurs mobilières dotales ; la seule question à examiner sera une question d'autorisation.

SECTION III

DU RÉGIME DOTAL MODIFIÉ PAR LA SÉPARATION DE BIENS OU PAR UNE SOCIÉTÉ D'ACQUÊTS

1. *Du régime dotal modifié par la séparation de biens*. — L'art. 1569, reproduisant une règle qui a son origine dans le droit romain lui-même (L. 24, pr. Dig., *Sol. matr.*; liv. XXIV, tit. 3), décide que la femme peut demander la séparation de biens, si sa dot est mise en péril, c'est-à-dire si le mari la laisse dépérir par sa faute, soit en dissipant les deniers dotaux, soit en négligeant de poursuivre les débiteurs et détenteurs de biens dotaux, soit en détournant leurs revenus de leur destination.

Les effets que cette séparation entraîne, doivent être combinés avec les règles particulières du régime dotal.

1° D'une part la séparation de biens fait cesser la jouissance et l'administration du mari pour les donner à la femme ce qui a pour conséquence de lui permettre de faire seule et sans autorisation les actes de jouissance et d'administration comme la femme commune en biens qui a obtenu la séparation.

A cet égard sa capacité est, en principe, la même,et c'est d'après les règles établies au *Chapitre IV* que doit être résolue la question de savoir quels sont les actes qu'elle peut faire sans autorisation, quels sont ceux, au contraire pour lesquels l'autorisation du mari ou de justice demeure exigée. (Aubry et Rau, V, §, 539, Laurent XXIII, n° 554.

Du droit d'administrer qui appartient à la femme résulte qu'elle peut exiger et recevoir le remboursement de ses reprises et de ses capitaux dotaux. Mais doit-elle à cet égard être tenue de justifier d'un emploi ?

Cette question est ou plutôt a été vivement controversée. Aujourd'hui elle est communément résolue par la négative. Voici le motif de douter ; le but du régime dotal adopté par les époux a été de conserver la dot de la femme ; or si on lui permettait, comme au mari, de toucher ses capitaux dotaux sans être tenue d'en faire emploi, le régime dotal resterait incomplet, ses intérêts étant désormais privés de toute garantie (Limoges, 14 juillet 1847; Sir., 47, 2, 625 ; Agen, 9 février 1849; Sir., 49, 2, 222). Mais ce n'est là qu'une simple considération insuffisante pour ajouter à la loi une garantie qu'elle n'a pas édictée. De droit commun, le droit d'administrer emporte celui de toucher les créances et de recevoir les capitaux, et l'obligation de faire emploi n'existe que dans les cas où elle est formellement édictée. Enfin, il ne faut pas oublier que les garanties accordées à la femme dotale lui ont surtout été données pour la protéger contre la mauvaise administration de son mari (Aubry et Rau, V, § 539 ; Laurent, XXIII, n° 558 ; Rejet 26 juillet 1869 ; Sir., 70, 1, 177 ; Agen, 7 mars 1870 ; Sir., 70, 2, 233).

Il en serait autrement s'il y avait une clause d'emploi dans le contrat de mariage (Rejet, 8 janvier 1877, Sir., 79, 1, 104). La Cour de Nîmes a même jugé que si, dans le contrat de mariage, il y a des précautions particulières, par exemple, s'il a été exigé que le père cautionne son fils, bien qu'il n'y ait pas de clause spéciale d'emploi, la femme était obligée de faire emploi. Mais la Cour de Nîmes est allée trop loin, et sa théorie ne saurait être admise, car elle ajoute à la loi.

2° D'autre part, le mariage subsiste toujours, les biens dotaux conservent la même destination et restent inaliénables après comme avant la séparation. Cette disposition n'est peut-être pas très logique, puisque la femme a la même capacité que si elle avait été commune en biens, et que l'inaliénabilité dotale a été stipulée par la femme surtout pour la protéger contre l'influence abusive du mari. Mais le maintien de l'ina-

liénabilité résulte expressément de l'art. 1554, aux
termes duquel les immeubles dotaux ne peuvent pas
être aliénés ni hypothéqués *pendant le mariage*, sauf
pour les causes et dans les conditions énumérées aux
art. 1555 à 1559. Le danger n'ayant pas complètement disparu le législateur a jugé utile de maintenir la
garantie de l'inaliénabilité. Il est vrai que l'art. 1561
décide que les immeubles dotaux deviennent dès lors
prescriptibles; la femme ayant l'exercice des actions
dotales peut, en effet, sauvegarder ses intérêts (Laurent, XXIII, n° 555 ; Colmet de Santerre, VI, p. 538,
n° 235, *bis*, 1).

Que faut-il décider quant aux meubles dotaux? Une
fois la séparation prononcée, la femme recouvre l'administration et la jouissance de ses biens dotaux, et
l'exercice des actions qui y sont relatives. Mais dans le
système de la jurisprudence, faut-il décider que la dot
mobilière étant inaliénable, la femme ne peut pas aliéner ses meubles? Logiquement l'affirmative s'impose,
puisque la femme ne peut disposer de ses meubles ni
directement ni indirectement, et qu'elle doit retrouver
sa dot entière à la dissolution du mariage. Dès lors la
femme ne peut, même après la séparation de biens, ni
aliéner ses meubles dotaux, ni céder ses avances dotales, ni en compromettre par des cessions, transactions,
ou autres actes, le remboursement intégral (Aubry et
Rau, V, § 539; Rejet, 11 nov. 1867; Sir., 68, 1, 17).
Quelques auteurs ont toutefois soutenu que la femme

avait ce droit, en se fondant sur l'art. 1449, 2ᵉ al. Mais cette opinion n'a pas prévalu (Rejet, 3 fév. 1879; Sir., 79, 1, 353).

Cette conséquence logique du principe de la jurisprudence conduit à un résultat bizarre. Au cours du régime dotal dans ce système, si la femme ne pouvait pas disposer de ses biens dotaux mobiliers, le mari avait au moins ce droit qu'il puisait dans ses pouvoirs étendus d'administrateur. Depuis que la séparation a été prononcée, le mari a perdu ce droit puisqu'il n'a plus la jouissance et l'administration des biens dotaux ; par contre, la femme ne l'a pas acquis, puisqu'elle ne peut en aucune façon compromettre sa dot, de telle sorte que la séparation de biens a pour effet d'augmenter l'inaliénabilité. C'est là un des résultats qui montrent le mieux que les rédacteurs du Code n'ont jamais admis l'inaliénabilité de la dot mobilière (Laurent, XXIII, n° 556 ; Marcadé, sur l'art. 1554, n° 111).

Que faut-il enfin décider quant aux revenus du fonds dotal ? Sont-ils frappés d'inaliénabilité ? Quel est à leur égard le droit des créanciers de la femme ? Il faut distinguer entre ceux qui sont antérieurs à la séparation et ceux qui lui sont postérieurs.

Pour les créanciers antérieurs à la séparation, ils ne peuvent pas plus saisir les revenus des immeubles dotaux que la propriété de ces immeubles, sur la femme ou ses héritiers, pour le payement des dettes contractées par celle-ci avant la séparation (Aubry et

Rau, V, § 538; Cassation, Ch. réunies, 7 juin 1864;
Sir., 64, 1, 201; Agen, 1ᵉʳ fév. 1870; Sir., 70, 2, 34).

Mais si l'on est d'accord sur le principe que les créanciers antérieurs à la séparation de biens ne peuvent
pas saisir la totalité des revenus, il a été soutenu qu'ils
pouvaient tout au moins les saisir jusqu'à concurrence
de la portion qui excède les besoins du mariage. Si les
biens dotaux sont frappés d'inaliénabilité, c'est, en
effet, par suite de leur destination ; et tant que le mari
conserve l'administration et la jouissance des biens
dotaux, il peut disposer de cet excédant; pourquoi la
femme qui a maintenant cette administration et cette
jouissance ne pourrait-elle pas le faire ? (Paris, 15 juillet 1856; S. 57, 2, 433). La Cour de cassation repousse
cette doctrine comme ne tenant pas compte de l'objet
essentiel du régime dotal, qui est de faire retrouver à
la femme lors de la dissolution du régime, sa dot franche et libre de tous engagements antérieurs à la séparation (Aubry et Rau, V, § 538).

Pour les créanciers postérieurs à la séparation, s'il
est certain qu'ils ne peuvent pas saisir la propriété des
immeubles dotaux peuvent-ils au moins saisir les revenus et dans quelle mesure ? La Cour de cassation a
varié sur cette question. Par un premier arrêt du 9 août
1823, elle avait décidé que les créanciers postérieurs
à la séparation, avaient le droit de saisir tous les revenus de l'immeuble dotal, puisqu'ils lui appartiennent
tous. Mais depuis la Cour est revenue sur sa jurispru-

dence. Elle ne leur permet plus que de saisir la portion
des revenus qui excède les charges du ménage, car le
mariage subsistant toujours après la séparation de
biens, il faut réserver de quoi subvenir à ses besoins
(Cassation, 27 juillet, 1875; Dal., 75, 1, 401; Orléans,
2 mars 1876; Sir., 77, 2, 76). Cette doctrine est sans
doute plus protectrice des biens de la femme; mais elle
a le défaut d'aboutir en définitive au pouvoir discrétionnaire du juge.

Les principes ci-dessus s'appliquent, dans le système de la jurisprudence, au fonds et aux revenus du
mobilier dotal, c'est-à-dire que les créanciers de la
femme antérieurs à la séparation ne pourront saisir ni
le capital ni les intérêts de la dot mobilière, et que les
créanciers postérieurs ne pourront saisir, d'après la
Cour de cassation, que l'excédant des revenus de la
dot mobilière.

II. *Du régime dotal modifié par une société d'acquêts.*
—L'art. 1581 dit que les époux, tout en se soumettant
au régime dotal, peuvent néanmoins stipuler une société d'acquêts, et les effets de cette société sont ré-
glés comme il est dit aux art. 1498 et 1499.

Cet article est tout à fait inutile, puisqu'il est de
principe que les époux peuvent librement régler leurs
conventions matrimoniales et combiner entre eux les
divers régimes exposés par le Code. Si ses rédacteurs
l'ont édicté, c'est qu'ils ont jugé utile de reproduire
une disposition déjà usuelle dans l'ancien droit, no-

tamment dans le ressort du Parlement de Bordeaux, et qui tend de nos jours à se développer de plus en plus (De Folleville, *Rev. prat.*, t. XXXIX).

Cet établissement d'une société d'acquêts laisse subsister le régime dotal avec ses caractères distinctifs. Pour les biens dotaux, il n'y a aucun doute à cet égard : les immeubles dotaux restent inaliénables et imprescriptibles, conformément aux règles ci-dessus établies. Dans le système de la jurisprudence, la dot mobilière de la femme demeure pareillement inaliénable. Il a même été jugé que la femme ne peut, même en ce qui concerne les immeubles compris dans la société d'acquêts, renoncer, pendant le mariage, à l'hypothèque légale qui garantit ses reprises dotales (Angers, 10 août 1839 ; Sir., 40, 2, 130).

Quant aux revenus des biens dotaux, ils ne sont plus attribués au mari ; ils entrent dans la société d'acquêts, et les économies qui sont faites sur eux seront partagées entre les deux époux. A leur égard, il ne peut être aucunement question de les déclarer inaliénables, puisqu'ils entrent dans l'actif d'une communauté d'acquêts. Il en est de même des biens acquis avec les économies faites sur les revenus. C'est ainsi que l'immeuble acquis avec elles ne saurait être, pour aucune partie, frappé d'inaliénabilité, car, suivant une expression de M. Troplong, la femme ne saurait être commune pour acquérir et dotale pour conserver.

Quant à la condition des paraphernaux, il y a controverse, D'après un premier système, la femme en conserverait non seulement la propriété, mais encore la jouissance et l'administration, conformément à l'article 1576, à la charge par elle de verser, entre les mains du mari, les économies qu'elle aurait faites sur ses revenus (Aubry et Rau, V, § 541 *bis*. — Agen, 17 nov. 1852 ; Sir., 52, 2, 591 ; Cassation, 14 nov. 1864 ; Sir., 65, 1, 31).

Dans un second système, au contraire, qui me paraît plus exact, sans doute la femme en conserverait la propriété ; mais elle n'en aurait plus ni la jouissance ni l'administration. Pour la jouissance, cela ne me paraît pas susceptible de doute, puisque les fruits des propres entrent dans la société d'acquêts. Pour l'administration, elle doit par cela même appartenir au mari, puisque dans le système des art. 1498 et 1499, auxquels renvoie l'art. 1581, le mari, chef de la communauté d'acquêts, a l'administration des propres de sa femme comme conséquence de la jouissance qui lui appartient.

Il ne faudrait pas dire que ce système serait contraire aux règles essentielles du régime dotal en ce qu'il supprimerait la distinction qui doit exister entre les biens dotaux et les paraphernaux ; la différence existe toujours puisque les premiers sont seuls frappés d'inaliénabilité et d'imprescriptibilité et qu'ils sont les seuls pour lesquels le mari a l'exercice des actions pétitoires

(Laurent, XXIII, n° 591 ; Colmet de Santerre, VI, 252 *bis*, I).

CHAPITRE VI

LA FEMME PEUT-ELLE, DANS SON CONTRAT DE MARIAGE, ET QUEL QUE SOIT LE RÉGIME MATRIMONIAL, INSÉRER UNE CLAUSE DE DOTALITÉ, OU SE RENDRE INCAPABLE SOIT DE FAIRE CERTAINS ACTES DÉTERMINÉS, SOIT D'UNE FAÇON ABSOLUE DE S'OBLIGER?

Dans ce chapitre qui sera le dernier de cette étude, je me propose d'examiner successivement les questions suivantes :

1° Les époux ayant adopté le régime de communauté peuvent-ils y joindre une clause de dotalité?

2° Les époux étant mariés sous le régime de la séparation de biens contractuelle, peuvent-ils y joindre une semblable clause?

3° La femme peut-elle, dans son contrat de mariage, se rendre incapable de faire un acte déterminé, par exemple de cautionner son mari?

4° La femme peut-elle, par une clause de son contrat de mariage, se rendre incapable de s'obliger d'une façon absolue, même avec l'autorisation de son mari ou de justice, de telle sorte que les obligations qu'elle aurait contractées en violation de cette clause doivent être déclarées nulles par les tribunaux.

I. *Les époux ayant adopté le régime de communauté peuvent-ils y joindre une clause de dotalité ?*

Certains auteurs ont soutenu que la dotalité ne peut pas être jointe comme clause accessoire à la communauté. En droit commun, en effet, tout propriétaire a le droit d'aliéner les biens qui lui appartiennent, la propriété étant le droit de jouir et disposer des choses de la manière la plus absolue, sous la seule réserve de n'en pas faire un usage prohibé par les lois ou règlements (art. 544). Sans doute, l'art. 1554 permet d'adopter le régime dotal ; mais il ne faut pas étendre une disposition aussi exceptionnelle. L'art. 1581 qui permet de joindre une société d'acquêts au régime dotal, prouve bien *a contrario* la justesse de ce système.

D'autres, tout en admettant ce système, sont moins absolus et permettent d'adopter tout à la fois le régime dotal pour l'inaliénabilité des immeubles de la femme, et le régime de communauté pour tout le reste, à la condition de déclarer expressément dans le contrat de mariage que les époux entendent adopter le régime dotal en partie (Marcadé, sur l'art. 1497).

Ces deux systèmes me paraissent devoir être écartés, et je crois que la disposition d'un contrat de mariage par laquelle les époux, tout en se mariant sous le régime de communauté, y joindraient une clause de dotalité, serait valable à la seule condition qu'elle soit suffisamment explicite pour prévenir les tiers. Ce n'est là, en effet, qu'une application du principe de droit que tout ce qui n'est pas défendu est permis, principe qui est spécialement rappelé à diverses reprises au titre *du contrat de mariage* (art. 1387, 1497, 1581). C'est en vain qu'on objecterait la disposition de l'art. 1392, car cet article n'exige pas plus que les autres que la volonté des époux de se soumettre à telles règles du régime dotal soit manifestée en termes exprès, ou celle de l'art. 1581, l'argument *a contrario* qu'on en tire ne pouvant être employé en cette matière. Il est, du reste, inutile de s'appesantir sur cette question qui est aujourd'hui universellement admise (Cassation, 15 mars 1853, Sir., 53, 1, 465 ; Cassation, 5 nov. 1854, Sir., 54, 1, 712 ; Aubry et Rau, V, § 504 ; Rejet, 3 fév. 1879, Sir., 79, 1, 353). La seule difficulté qui puisse s'élever est de savoir à quelles conditions une semblable clause peut être considérée comme suffisamment explicite, par exemple si la clause par laquelle les époux, tout en se mariant sous le régime de la communauté, déclarent que si tel immeuble de la femme est aliéné, il devra être fait remploi et que le tiers acquéreur ne sera libéré que s'il paye une fois le remploi effectué, doit être considérée comme entraînant l'inaliénabilité et par suite l'insaisissabilité de l'immeuble désigné.

Cette question est controversée ; à mon avis elle doit être résolue par la négative ainsi que l'a décidé l'arrêt solennel du 8 juin 1858 (Sir., 58, 1, 417 ; Lyon, 14

janvier 1868, Sir., 68, 2, 7 ; Lyon, 4 janvier 1877;
Aubry et Rau, V, § 533).

La conséquence de la validité d'une semblable clause
au point de vue de son influence sur la capacité de la
femme est qu'il faudra combiner les règles qui la régissent sous le régime de la communauté et celles qui la
régissent sous le régime dotal.

II. *Les époux étant mariés sous le régime de la séparation*
de biens contractuelle, peuvent-ils y joindre une
clause d'inaliénabilité ?

En d'autres termes, la femme séparée de biens
peut-elle frapper ses immeubles d'inaliénabilité ?
Cette question est très controversée. Beaucoup
d'auteurs considérables se prononcent pour la négative. Sans doute, disent-ils, on peut stipuler l'inaliénabilité partielle en dehors du régime dotal;
mais pour cela, il faut qu'il n'y ait pas incompatibilité
entre l'inaliénabilité et les biens auxquels elle s'appli-
querait, ce qui serait précisément l'hypothèse présente.
A aucune époque, ni en droit romain, ni dans les pays
de droit écrit, les biens paraphernaux n'ont pu être
frappés d'inaliénabilité, laquelle est intimement liée à
la dotalité et ne peut en être séparée. Si une semblable
clause est permise sous le régime de la communauté,
c'est qu'elle s'applique à des biens dotaux, les propres
de la femme dont le mari a la jouissance et l'administration, d'où on ne peut conclure qu'elle soit permise
relativement aux biens de la femme séparée. La tradi-

tion, qui est le meilleur guide de l'interprète, s'oppose
formellement à son admissibilité et si le Code ne s'est
pas exprimé explicitement sur ce point, tout au moins
peut-on remarquer que tous les articles qui s'occupent
de l'inaliénabilité supposent toujours qu'il s'agit de
biens dotaux (art. 1554, 1555, 1558 et art. 83 du Code
de procédure). Il faut donc conclure de tout cela que
les biens d'une femme séparée de biens contractuellement ne peuvent être frappés d'inaliénabilité et par
suite d'insaisissabilité, leur destination s'y opposant
absolument (Note de M. Lyon-Caen; Sir., 1876, 2,65;
Valette, *Mélanges*, t. I, p. 513 et s.).

Quelque fondées que ces raisons puissent paraître,
je ne crois pas devoir adopter ce système; il est, en
effet, contraire au grand principe de la liberté des
conventions matrimoniales, principe qui permet de
combiner entre eux les différents régimes et spécialement de stipuler l'inaliénabilité de tout ou partie des
immeubles de la femme mariée sous un autre régime
que le régime dotal. Pour faire échec à cette règle, il
faudrait démontrer d'une façon positive, que l'adoption
d'une semblable clause dans la présente hypothèse,
serait prohibée par un texte ou contraire à un principe
de droit. Or, de textes, il n'y en a aucun qui ait prévu
la question; quant aux principes de droit, tout ce qu'on
oppose, c'est une prétendue incompatibilité entre l'inaliénabilité et les biens qu'elle atteindrait, entre l'inaliénabilité et la paraphernalité, tous les biens de la

femme séparée étant en quelque sorte des paraphernaux.

Il y a là une simple affirmation qu'il faudrait prouver ; je n'aperçois pas, quant à moi, pour quelles raisons existerait une semblable incompatibilité. Pour démontrer qu'elle n'est pas fondée, il suffit de supposer qu'une femme mariée sous le régime dotal a obtenu la séparation de biens judiciaire. Désormais, comme toute femme séparée, elle reprend la libre administration de ses biens et elle en recouvre la libre jouissance (art. 1449, 1536, 1576), sans qu'à cet égard il y ait aucune différence entre elle et la femme qui a été commune en biens. Cependant, les immeubles dotaux restent inaliénables après le jugement qui a prononcé la séparation, et les créanciers ne peuvent les saisir. Il peut donc y avoir des biens inaliénables dont la femme ait la jouissance et l'administration ; et si ce résultat est possible par suite d'une séparation judiciaire, pourquoi ne le serait-il pas dans une séparation contractuelle ?

Bien plus, rationnellement, les partisans du premier système le reconnaissent eux-mêmes, il n'y a aucun motif qui puisse justifier la distinction selon laquelle les seuls biens dotaux peuvent être stipulés inaliénables et non les biens dont la femme a la jouissance et l'administration ; ils vont même jusqu'à dire que cette distinction pourrait être repoussée, si on refaisait la loi sur cette matière. A cet égard, ils vont beaucoup

plus loin que je ne saurais aller, car si la loi était à re-
faire, ce serait bien plutôt la prohibition d'une semblable clause qui serait désirable; mais dans l'état actuel
de la loi, aucun texte ne la prohibant, je ne vois pas
pourquoi on ferait échec au principe de la liberté des
conventions matrimoniales pour repousser une clause
qui, somme toute, peut présenter un grand intérêt pour
la femme, alors que le seul argument qu'on invoque
contre elle est la tradition du droit romain ou de notre
ancien droit (Rodière et Pont, n° 2023; Challamel,
Rev. crit., janvier 1880).

Cette solution ne préjuge en rien la question de savoir si la femme séparée de biens ou même mariée
sous un autre régime, peut se déclarer dans son contrat de mariage, incapable de faire certains actes déterminés, dans l'examen desquels je vais entrer.

III. *La femme peut-elle, dans son contrat de mariage se
rendre incapable de faire certains actes déterminés, par
exemple, de cautionner le mari.*

Dans un arrêt qui a suscité de nombreuses et vives
discussions, la troisième Chambre de la Cour d'appel
de Paris a décidé le 17 novembre 1875, qu'une femme
séparée de biens par son contrat de mariage a pu valablement dans ce contrat, « s'interdire le droit de contracter aucun engagement et de payer directement ou
indirectement aucune dette pour le compte de son mari, »
et en conséquence, l'arrêt a admis que l'obligation de
la femme résultant d'un cautionnement souscrit par

14

elle au profit de son mari, devait être considérée comme
nulle et non avenue, considérant que ces stipulations
formelles étaient devenues irrévocables par le fait de
la célébration du mariage et que les créanciers ont eu à
s'imputer la faute de n'avoir pas vérifié les clauses du
contrat de mariage et les incapacités qui en résulteraient
(Sir., 76, 2, p. 65).

Ainsi que je le disais tout à l'heure, la décision contenue dans cet arrêt a été vivement critiquée, et cela
avec raison, car suivant une expression de M. Valette,
« c'est une innovation inouïe que d'avoir ainsi déclaré
que la femme séparée de biens avait pu, en se mariant,
s'interdire le droit de contracter aucun engagement et
de payer aucune dette pour le compte de son mari. »
Cette théorie implique, en effet, que la femme peut,
en se mariant, se frapper d'une incapacité conventionnelle dans son contrat de mariage, ce qui est absolument inadmissible : car les lois qui régissent la capacité des personnes sont au premier chef des lois
d'ordre public auxquelles il est expressément défendu de déroger (art. 6, 1131, 1133). Comme le dit
fort bien M. Valette dans son premier article :
« Nul n'est maître de disposer à sa volonté de son état
et de se rendre, à son gré, pour l'avenir capable ou incapable de s'obliger. » Quelque étendue que soit la liberté des conventions matrimoniales, elle ne saurait
aller jusqu'à reconnaître un semblable droit à la femme,
car, même en matière de contrat de mariage, il y a

certaines règles d'ordre public auxquelles les époux ne peuvent pas déroger (art. 1388). Enfin, dans l'espèce, il y a une raison de plus de s'élever contre la décision rendue par la Cour de Paris, car elle constituerait en quelque sorte, le rétablissement par convention de l'incapacité résultant du sénatus-consulte Velléien (Laurent, I, n° 52).

Malgré ces excellentes raisons, quelques auteurs ont soutenu la doctrine exposée dans cet arrêt (V. *Gazette des tribunaux* du 11 mars 1876 ; *Journal du notariat* des 15, 22, 25 mars 1876). Voici les arguments que je trouve dans l'article anonyme inséré dans la *Gazette* :

Le Code civil ne considère pas comme contraires à l'ordre public les stipulations des contrats de mariage qui ont pour but de protéger la femme en restreignant sa capacité, autrement il n'aurait pas admis le régime dotal, qui a pour effet de restreindre la capacité de la femme pour aliéner, disposer ou hypothéquer.

En matière de contrat de mariage, plus qu'en toute autre, la loi permet ce qu'elle ne prohibe pas, et aucun texte ne s'oppose à ce que la femme s'impose, dans son contrat, des restrictions à sa capacité de s'engager pour son mari.

Tout le monde est d'accord pour décider que, en dehors du régime dotal proprement dit, les époux peuvent, en adoptant un autre régime, y joindre telle clause de dotalité, c'est-à-dire une clause restrictive de la capacité de la femme que bon leur semble. Bien plus, il est admis que, par contrat de mariage, la femme peut déclarer inaliénables, même les biens dont elle s'est réservé la jouissance et l'administration.

Tels sont les arguments qui ont été donnés en faveur de ce système inauguré par la Cour de Paris; quelque spécieux qu'ils puissent sembler, il ne faut pas hésiter à les rejeter.

Tout d'abord, en effet, quelque grande que soit la liberté laissée aux parties, en matière de conventions matrimoniales, elle n'est pas absolue; et elle reste soumise aux dispositions prohibitives du Code civil. D'ailleurs, s'il fallait accepter ce principe à la lettre, le mari pourrait tout aussi bien que la femme restreindre sa capacité; par exemple, il pourrait se déclarer incapable de faire une donation à sa femme au cours du mariage ou de lui faire une rente dans le cas où ce contrat est permis entre époux (art. 1096 et 1595). Or, personne n'a jamais été jusqu'à soutenir une semblable prétention (Amiens, 1er juillet 1807 ; Cassation, 32 juillet 1809).

Quant à l'argument tiré de l'extension des principes du régime dotal, que les époux peuvent combiner avec tous les autres régimes (art. 1387, 1528), il n'est pas plus fondé. D'abord, en effet, il ne faut pas perdre de vue que le régime dotal n'a été introduit dans le Code civil qu'après de vives résistances, ce qui doit faire décider qu'il est le maximum des garanties que la femme peut stipuler. D'ailleurs, tout en admettant que le ré-

gime dotal puisse être combiné avec tous les autres,
que l'inaliénabilité dotale puisse exister sous un régime autre que le régime dotal pur, qu'elle se résout
en une véritable incapacité dont est frappée la femme
plutôt que dans une indisponibilité des biens, « on ne
saurait dire que l'incapacité de la femme dotale soit une
incapacité ordinaire, ayant pour sanction la nullité des
obligations contractées par elle. Il est bien certain que
l'incapacité de la femme dotale n'a pas cette sanction.
Cette incapacité n'est que *relative*; c'est en quelque
sorte une *incapacité réelle*, en ce sens que la femme
dotale n'en est frappée que quant à ses biens dotaux.
Les obligations qu'elle contracte durant son mariage
ne peuvent pas être exécutées sur ses immeubles dotaux, ni pendant la durée du mariage, ni même après
la dissolution; mais ces obligations sont, en elles-
mêmes, parfaitement valables, si bien que les créanciers peuvent en poursuivre le payement sur les biens
paraphernaux et sur tous les biens que la femme dotale, leur débitrice, n'acquiert qu'après la dissolution
du mariage, se fût-elle même constitué en dot tous ses
biens présents et à venir (dans ce dernier cas cependant
il y aurait lieu de faire des réserves). Si le régime dotal
dans toute sa pureté ne frappe pas la femme d'une incapacité véritable, sanctionnée par la nullité des obligations qu'elle contracte durant le mariage, la combinaison de l'inaliénabilité dotale avec un autre régime
ne saurait avoir cet effet. L'argument tiré de la faculté

de combiner l'inaliénabilité dotale avec tous les régimes matrimoniaux, n'a donc aucune portée » (note de M. Lyon-Caen ; Sir., 76, 2, 65 et 66).

Enfin, il n'y a même pas à s'arrêter à la considération tirée de la loi du 10 juillet 1850, grâce à laquelle les tiers ont pu prendre connaissance de la clause dont il s'agit, et ne peuvent dès lors se plaindre d'avoir été trompés. Outre que cela, ainsi que le fait remarquer M. Valette, un des principaux auteurs de cette loi n'est jamais venu à la pensée de ses rédacteurs, il est impossible que cette publicité ait pour effet de rendre opposable aux tiers une clause nulle en elle-même.

Il faut donc décider qu'une semblable clause doit être frappée de nullité, comme étant une exagération de l'art. 1387, contraire à un principe d'ordre public (Valette, journal *le Droit* des 9 mars et 9 avril 1876 ; *Mélanges*, t. I, p. 513 et 518; Lyon-Caen, Note sur l'arrêt du 17 novembre 1875, Sir., 76, 2, 65 ; de Folleville, *France judiciaire*, année 1878).

IV. Dans un autre arrêt du 6 décembre 1877, la même chambre de la Cour d'appel de Paris, fidèle à sa doctrine, a déclaré valable une clause de contrat de mariage dans laquelle il était dit qu'une femme mariée sous le régime de la communauté réduite aux acquêts ne pourra, même avec le consentement de son mari ou de justice, s'obliger envers les tiers, et ses engagements à cet égard seront considérés comme nuls et de nul effet » (Sirey, 1878, 2, p. 161).

Quoique l'espèce soit différente de celle de l'arrêt du 17 novembre 1875, la question est absolument la même dans les deux cas, la solution doit donc être la même sous peine de contradiction. Pour les mêmes motifs, il ne faut pas hésiter à proclamer la nullité d'une semblable clause comme contraire à l'ordre public, et, par suite il faut déclarer valable l'obligation que la femme aurait contractée.

Indépendamment des arguments de droit, de nombreuses considérations imposent cette solution. Qui ne voit, en effet, combien cette aliénation de sa liberté, que la femme consent par avance et d'une façon irrévocable, serait blessante pour le mari? Quelles entraves n'apporterait-elle pas au crédit des époux ? De combien de difficultés et de discussions ne serait-elle pas la source ? La prospérité du ménage exige impérieusement la nullité d'une semblable clause qui aurait pour résultat de rendre impossible l'administration de la fortune des époux. Bien plus, elle serait contraire à la dignité même de la femme qu'elle placerait dans les liens d'une interdiction ou d'une minorité perpétuelle.

Il est donc inutile de s'arrêter plus longtemps à l'examen d'une théorie absolument condamnée et qui restera isolée dans la jurisprudence. La Cour de cassation a, en effet, cassé cet arrêt de la Cour de Paris par son arrêt du 22 décembre 1879 (*Gazette des Tribunaux*, janvier 1880), et décidé qu'une semblable clause devait être frappée d'une nullité absolue, comme étant une violation manifeste des règles d'ordre public qui régissent la capacité des personnes, la disponibilité des biens et l'autorité maritale (Valette, *Mélanges*, t. I, p. 523; Lyon-Caen, Sir., 78, 2, 14; Vavasseur, *Rev. crit.*, 1878; de Folleville, *De l'incapacité de s'obliger stipulée dans un contrat de mariage*).

POSITIONS

DROIT ROMAIN

I. Pendant les cinq premiers siècles de Rome, il n'y eût ni actions ni stipulations *rei uxoriæ*, c'est seulement vers le milieu du sixième siècle qu'apparaît l'action *rei uxoriæ*, qui a pour origine les stipulations de retour pour le cas de divorce que les parties joignaient à la constitution de dot.

II. Dans le droit classique, tout au moins, l'action *rei uxoriæ* n'était pas une action de bonne foi, mais faisait partie du petit groupe d'actions spéciales *in bonum et æquum conceptæ*, lesquelles laissaient au juge un pouvoir d'appréciation plus considérable, et ne se perdaient pas par l'effet de la *minima aut media capitis minutio*.

III. Jusqu'au sénatus-consulte Orphitien, l'usage de stipuler le retour de la dot fut peu fréquent, mais, à partir de ce moment, il se généralisa peu à peu, et, à l'époque de Justinien, cette stipulation accompagnait presque toutes les constitutions de dot.

IV. La prohibition d'hypothéquer le fonds dotal ne dérive pas de la loi Julia, mais du sénatus-consulte Velléien, ou des édits, par lesquels Auguste et Claude prohibèrent, d'une manière expresse, les intercessions des femmes pour leur mari.

V. La Constitution de 529 (Loi 30, C., *De jure dotium*, livre V, titre 12) a accordé à la femme, d'une part, une hypothèque privilégiée sur ses biens dotaux, et, de l'autre, une action en revendication.

VI. Dans toutes les périodes du droit romain, l'ancien principe, que le mari est propriétaire de la dot, fut maintenu. Le changement qui a reconnu à la femme un véritable droit de propriété sur ses biens dotaux, ne fut établi que par la jurisprudence des pays de droit écrit.

DROIT CIVIL FRANÇAIS.

I. L'autorisation maritale est exigée à la fois dans l'intérêt de la puissance maritale, dans l'intérêt personnel de la femme, et dans l'intérêt collectif de l'union conjngale.

II. La femme mariée qui a, sans autorisation, géré les affaires d'autrui, ne peut être poursuivie par l'action de gestion d'affaires, qu'autant que ses fautes constitueraient un quasi-délit, ou dans la mesure de ce dont elle s'est enrichie.

III. Si une femme mariée est poursuivie par la partie civile seulement, et à fin de dommages-intérêts, devant le tribunal correctionnel ou de police, elle n'a pas besoin d'autorisation pour y défendre.

IV. La femme mariée a besoin de l'autorisation de son mari pour contracter un engagement théâtral, ou publier ses ouvrages artistiques ou littéraires, et l'autorisation de justice ne peut pas remplacer l'autorisation du mari.

V. L'autorisation donnée par le mari à sa femme d'aliéner tel immeuble, doit préciser l'époque et les conditions de l'aliénation.

VI. La femme séparée de biens peut librement disposer de son mobilier et l'aliéner, et il ne faut pas restreindre sa capacité à cet égard au cas où l'aliénation serait nécessitée par les besoins de son administration. Elle ne peut, au contraire, s'obliger sur son mobilier pour une cause étrangère à l'administration de ses biens.

VII. La femme séparée de biens peut transiger, mais non compromettre sur les difficultés relatives à l'administration de ses biens et à son mobilier.

VIII. La femme séparée de biens peut acquérir même des immeubles, si cette acquisition n'a lieu que pour le placement de fonds actuellement disponibles; mais elle ne peut pas placer ses capitaux en rente viagère, ni acquérir un usufruit, ni jouer à la Bourse.

IX. Lorsque la femme séparée de biens s'est valablement obligée sans autorisation, ses créanciers peuvent saisir et faire vendre ses immeubles aussi bien que son mobilier.

X. Un tiers peut donner ou léguer des biens à une femme mariée, à la condition qu'elle seule en aura la jouissance et l'administration, quand même le régime matrimonial ne lui donnerait pas déjà le droit d'administrer.

XI. L'inaliénabilité des biens dotaux se résout en une véritable incapacité de la femme.

XII. Les créanciers de la femme dotale qui s'est valablement obligée au cours du mariage ne pourront pas agir sur les biens dotaux, même après la dissolution du mariage. Au contraire, ses créanciers antérieurs au mariage, pourront agir efficacement sur ces biens, même au cours du mariage.

XIII. L'engagement résultant du fait illicite de la femme peut être poursuivi sur le bien dotal.

XIV. Lorsque le régime dotal a pris fin, la femme peut ratifier les obligations souscrites par elle au cours du mariage ou l'aliénation de l'immeuble dotal.

XV. La femme dotale ne peut pas disposer de ses biens dotaux par voie d'institution contractuelle.

XVI. Serait nulle la clause d'un contrat de mariage par laquelle la femme se rendrait incapable d'une façon absolue de contracter ou même de faire certains actes déterminés.

DROIT COMMERCIAL.

I. Les tribunaux ne peuvent, en aucun cas, autoriser la femme mariée à faire le commerce.

II. Ils ne peuvent pas non plus l'autoriser à le continuer, lorsque le mari vient à révoquer l'autorisation qu'il avait d'abord donnée.

DROIT INTERNATIONAL.

I. La femme étrangère n'a pas besoin d'autorisation pour ester en justice ou contracter en France, si cette autorisation ne lui est pas nécessaire d'après la loi de son pays.

II. Si deux époux étrangers sont mariés sous le régime dotal, ils ne pourront pas invoquer en France, l'art. 1554 du Code civil, si d'après la loi de leur pays, les immeubles dotaux sont aliénables.

III. Lorsque deux étrangers se marient en France sans faire de contrat de mariage, ils sont réputés mariés sous le régime de la communauté légale.

DROIT PÉNAL.

I. Un notaire peut refuser de porter témoignage en

justice sur les faits qui lui ont été confiés sous le sceau
du secret dans l'exercice de sa profession.

II. Lorsque la délibération d'un conseil municipal
contient des paroles diffamatoires pour un tiers, l'action en diffamation peut être portée par ce tiers devant
le tribunal correctionnel.

———

DROIT PUBLIC.

I. Aux termes de la Constitution de 1875, l'Assem-
blée nationale ne peut pas réviser les lois constitu-
tionnelles sur des points étrangers aux délibérations
respectives des deux Chambres qui ont voté la réunion
du Congrès.

II. Le Sénat et la Chambre des députés ont un pouvoir égal dans le vote des lois de finance, sous cette
seule réserve que ces lois doivent être d'abord présen-
tées à la Chambre des députés.

Vu par le doyen, président de la thèse,
CH. BEUDANT.

Vu et permis d'imprimer,
Le vice-recteur de l'Académie de Paris,
GRÉARD.

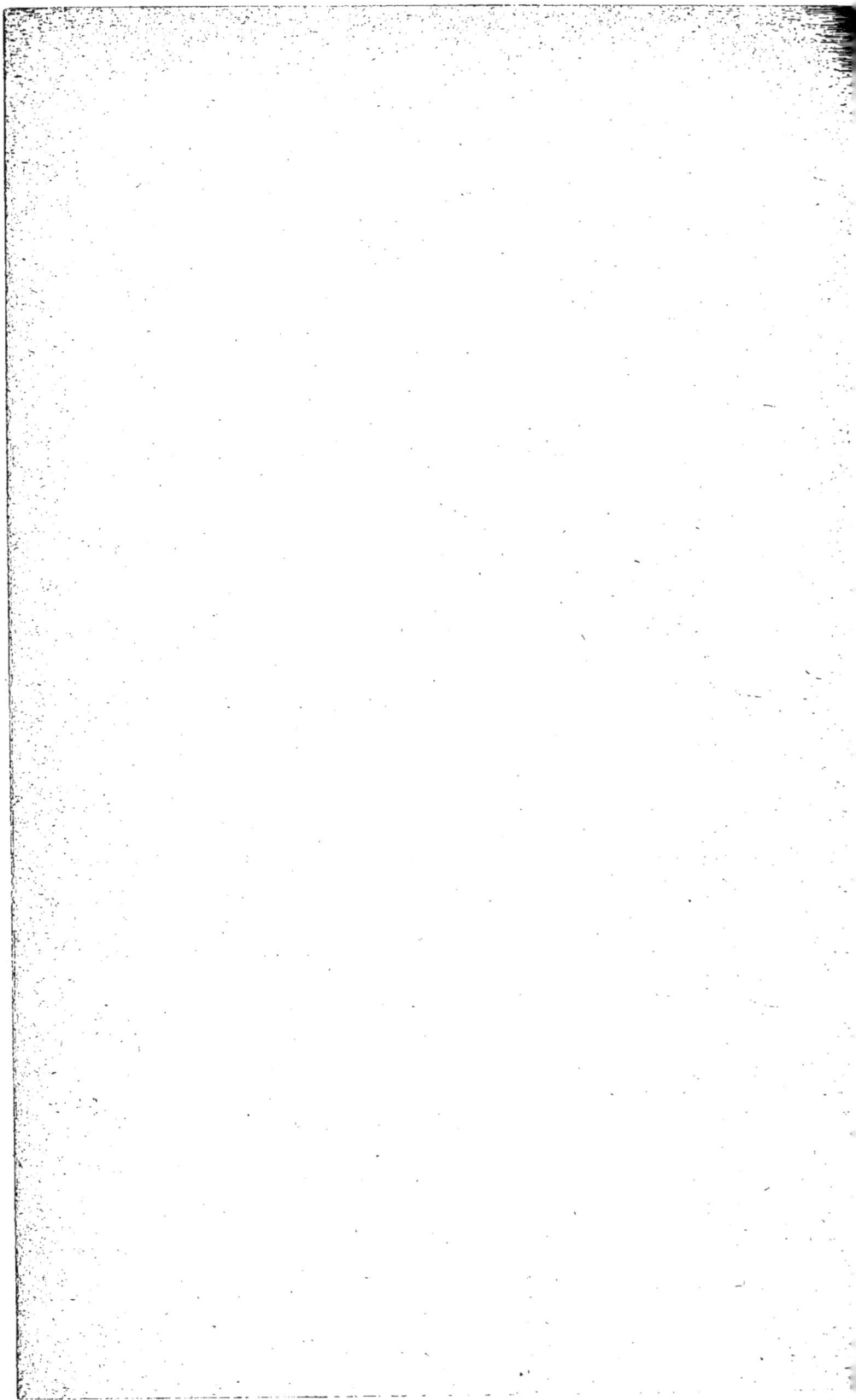

TABLE DES MATIÈRES

DROIT ROMAIN

DES GARANTIES ACCORDÉES A LA FEMME POUR LA
RESTITUTION DE SA DOT

DROIT FRANÇAIS

DE L'INFLUENCE DES CONVENTIONS MATRIMONIALES SUR LA CAPACITÉ DE LA FEMME MARIÉE.

www.ingramcontent.com/pod-product-compliance
Lightning Source LLC
Chambersburg PA
CBHW071646200326
41519CB00012BA/2422